U0451467

香港故事

HONGKONG STORY

**五十个独特视角
讲述"百变"香港**

闵捷 ——— 主编

商务印书馆
创于1897 The Commercial Press

《香港故事》编委会

编委会主任　　孙　勇

编委会成员　　胡创伟　朱　玉　闵　捷　颜　昊

　　　　　　　牛　琪　陆　敏　王一娟

编　　　务　　洪雪华

序言：
香江故事凭谁诉　　卢新宁

香港是本难懂的书。6月以来的修例风波，升级的暴力、持续的骚乱、起伏的人心，让读懂香港"难上加难"。很多人在忧心中发问：香港还会好吗？

若抬眼看今天的电视，依然是闹哄哄的景象，不免让人一声叹息；但如果低头翻翻这本书，读读新华社香港分社记者带给您的《香港故事》，心里大概会亮起来。这分明是一个兼具开放品格又充盈奋斗精神的城市，是一个温情脉脉又满是烟火气息的港湾。一个城市的气质，哪会说变就变？

很喜欢书中讲"霓虹灯制作人"的这篇。生活在底层，手作霓虹灯，撑起一座城市夜的灵魂，照亮许多人回家的路。而文中一位建筑师的祖母，小时候不识字，便是通过霓虹灯招牌认字读报。寥寥数笔，让人见繁华，更见繁华背后的人心密码。这样的故事，书中俯拾即是，娓娓道来如邻家絮语。谁是香港人？何以香港？正是这些平凡人的诉说，为香港这个复杂无比的方程组，提供了简明而生动的答案。

讲述，是为了记忆。有学者将时间分为两种，一则为历史时间，一则为生活时间。维湾潮涨潮落，万家灯火明灭，大街小巷的人们匆匆而来、匆匆而往的生活，汇成了这座城市不断延伸的时间轴线。打得一手咏春拳的女大学生，做着梨园梦的小小少年，亦或是帮人写家书的耄耋老人，他们的香港故事都是个体的、私人的。然而，男人、女人、老人、青年，这些生命的诉说嵌在一起，就是那个光亮的香港。"我"与"城"无时无处不在的互动，让这个城市成为无数生于斯长于斯者的"我城"。当此风云变幻之时，深入这座城市的生活时间之中，看一看这些平凡人的香港故事，或许更能读懂人心的大势所趋，更能感受历史的向阳而生。

因为水泥森林、快节奏、高竞争，世人多将香港视为"冰冷城市"。但这本书里，你能感受满纸温情。手写小巴牌的怀旧风，毛笔博物馆里的中国风，是人们对历史的致敬；随和如隔壁阿叔的大馆警员，壁画村总以爱为主题的壁画，是人们对世界的温度。这个夏天，暴力的蔓延，让大家担心，香港的温情是否会被击碎，香港的雅量还有多少。也许，当与书中的人与事相逢，我们会坦然很多：一个愿意为18岁以下青年提供紧急寄养服务的城市，不可能不在乎青年人的前途；一个愿意为盲人提供口述影像服务的地方，怎会愿意舍弃自己光明的前景？

时间与空间，是能纳入所有叙述与记忆的海洋。从小渔村到大都会，香港地理上始终不大，但在人们心中一直有分量。何为香港之大？是自始至终的梦想与包容。早年一身布衣飞黄腾达、一支健笔纵横香江的传奇，至今依然可感可触；而今日海上龙舟队，还在上演同舟共济的故事；即使维多利亚公园中央草坪参加每周聚会的外佣，也有了光荣梦想，将他乡当作了故乡。如何成香港之大？这其实是始终不变的，就是与祖国在一起。港珠澳大桥的建成，让36年前就提出兴建内伶仃大桥的胡应湘很欣慰；拒绝移民，"湾仔码头"创始人臧健和斩钉截铁地说"吃饺子的人在中国，我不走"；弥留之际仍握着中国地图，慈善家田家炳老人一生将教育兴国视为最大希望。而未来，我依然相信更多港人会于大湾区、于大中国写下自己精彩的香港故事、中国故事。岛和半岛，这个曾被诗人喻为"感叹号"的意象背后，总有故事在生长，总有情怀在流淌。

　　一个故事胜过一打道理，这是我们讲好香港故事的意义。以色列历史学家尤瓦尔·赫拉利认为，智人之所以能够崛起成为地球的主宰者，主要在于具备了虚构故事的能力。香港曾虚构多少让我们废寝忘食的故事！作为20世纪80年代的中文系学生，我们的大学生活曾经读金庸、读古龙、读亦舒。回头想想，那时我们到底在读什么？是中西交融的气息，是同根同源的文化，更是对这个偏居一隅却不舍家国的游子的想象。穿越案头，当时真实的香港故事，比小说更具想象力。"一国两制"构想横空出世，中英谈判已敲定香港回归时间表，大局既定，人心思归。波澜壮阔的故事，在一张更大的纸上铺展，成为所有故事最真实、最宏阔的背景。

　　我亦有我的香港故事。记得20年前，当我还是名跑文化新闻的记者，曾专程从北京南下到上海，面对面访谈金庸先生。75岁的金大侠从容淡定、侃侃而谈，与我心仪已久的"武林宗师"甚为吻合。金庸说，他以江湖映写江山，他说，写武侠小说真正宗旨是肯定中国人传统的美德，使读者觉得人生在世，固当如是。

　　20年弹指一挥间，金大侠驾鹤而去。对普通人而言，"侠之大者，为国为民"，危乎高哉；但守护"中国人传统的美德"，守护香港这本书中来自过去与现在的一切良善与美好，却可以是每一个人承担得起的本分与道义。曾经的香江健笔们不少已作古，可新的香港故事还得续写，老一辈冥冥之中不会不寄望：这代人写得比他们更好。

2019年9月6日于香江

目录

1 风物地理

01. 深水埗的记忆链　004
02. 海上龙舟　承载燃情岁月　008
03. 天台之城　风景百变　012
04. 香港温情记忆：转角遇到报摊　016
05. 大澳渔村：海边的"浮城"往事　022
06. 鸭洲："袖珍小岛"的前世今生　028
07. 大馆的一百面：打开中环"记忆的盒子"　032
08. 香港图书馆：别致的风景　036
09. 香港有个"小泰国"　042
10. 锦田壁画村：200名义工绘就爱的画卷　048
11. 跨境探访香港赛驹从化"新家园"　054

2 历史天空

12. 寻访蔡元培在香港的足迹　060
13. 张爱玲与香港的"半生缘"　066

14. 香港抗战老兵：追忆山河岁月　070

15. 香港书展：三十而立　076

16. 80岁的工展会　080

17. 东华三院的百年守望　084

18. 南丰纱厂：前世对话今生　090

19. 最后的香港小巴牌手写艺人　094

3 人物志

20. 作家陶然：文学行旅与人生流转　098

21. 慈善家田家炳：诗礼传家　大爱济世　104

22. 女作家梁凤仪：用"挚爱"演绎香港传奇　110

23. 两代工程专家胡应湘与林鸣：港珠澳大桥从梦想到现实　114

24. 商业巨子吕志和："和谐共享，仁爱和平"　120

25. 香港艺人汪明荃：山水不变，情不变　124

26. 双料影后惠英红：一树繁花别样红　130

27. 眼科医生周伯展：让光明照进心田　136

28. 画家李志清：图解金庸的"武侠世界"　140

29. 科学家容启亮：登月之路有多长？　146

30. "湾仔码头"臧健和：狮子山下的奋斗传奇　150

31. 跨界摄影师李秀恒：用镜头讲述中华多民族节庆故事　154

32. "毛笔世家"传人张虹霓：以老手艺弘扬中国传统文化　158

4 众生相

33. "盲人电影院"：让心"看见" 162
34. 一位香港菜农的"朋友圈" 168
35. 一位女大学生的"咏春情结" 172
36. 粤剧传承：小小少年的"梨园梦" 176
37. 香港老人的长寿之道 182
38. 外佣的星期天 188
39. 港式紧急寄养：寄住的家 常驻的爱 192
40. 上岗！导盲犬和它背后的三位主人 196
41. 旧爱仍是美：一家二手衣寄卖店的环保实践 202

5 生活百态

42. 24小时店：见证夜的香港 208
43. 球叔的"写信佬"生涯 212
44. 霓虹灯招牌：点亮昔日"繁华晚妆" 216
45. 单身男女：都市里的独行者 222
46. 香港美食中的"武侠情"：探访"射雕英雄宴" 226
47. 寻找香港街头巷尾的"武侠味" 230
48. 香港美食：当"米其林"遇上"黑珍珠" 234
49. 四姐的"麻辣人生" 240
50. 香港街市：活色生香滋味长 246

后记：深耕香港 感受"故事"里的城市脉动　　闵捷

1 风物地理

故事 01

深水埗的记忆链

殷晓媛　闵捷

● 今日美荷楼　闵捷摄

- 钦州街小贩市场　闵捷摄
- 钦州街小贩市场内部　闵捷摄

香港深水埗，曾经是制衣业中心，如今仍有350家中小企业和批发、零售商。钦州街小贩市场被称为"最后的布市场"，原来香港制衣业发达的时候这里只做批发生意，如今面临拆迁，摊主靠零售苦苦坚守。不远处的美荷楼是香港第一个公屋项目——石硖尾村的第四十一座，从这里可以穿越回旧日的香港。

深水埗位于九龙半岛西北部，曾以纺织制衣业闻名于外，由此带动周边行业发展，形成多条特色街道。记者来到深水埗，从钦州街穿行，一路经过汝州街、基隆街，这里的楼群保留着20世纪五六十年代香港的影像。

前港九纤维布匹批发商联会会长列永同说："上世纪七八十年代的深水埗是东南亚最大的布料市场，这几条街曾经遍布以售卖布料为生的店铺，数量超过1,000家。以时尚、潮流著称的深水埗是新加坡、泰国等趋之若鹜的布料批发地。"而如今的深水埗恐怕很难和"时尚"二字联系起来。泛黄的唐楼外壁被时间冲刷得只剩下陈旧，暴露在墙体外部的水管与冷气机外机交织相错，

白底红字的招牌被斑驳的锈迹掩盖了原来的模样。

风物地理

穿过深水埗警署就到了临时搭建在荔枝角道373号的钦州街小贩市场。这里俗称"棚仔",顾名思义,以塑料布互相拼凑,依靠大树而搭建成有屋顶的市场。

走进"棚仔",询问是否有专门售卖日本布料的店,被带到了位于"棚仔"中央位置的"信昌布行"。日式和风布、柴犬、猫咪等卡通图案,青花瓷扎染布等各式各样的产于日本的布料叠放在狭小的空间。店主何小姐说:"我主卖日本布,定期会飞往大阪跟布商订货,还可以帮客人寻找他们想要的特定布料。"记者选购了一块纯棉印花布料,靠木棉花打成纱再织出来,穿着舒适。

列永同说:"以前附近的制衣厂会将剩余的制衣布料转售给'棚仔','棚仔'的顾客也大多数是低收入者。"而如今,这里被称作"最后的布市场"。

随着全球化日益发展,欧洲各国及日本的供货商开始在内地设厂售卖布料。"2000年后香港布料市场缩小,深水埗也随之减少了一半左右。"列永同回忆道。

五年前,由跨界别[①]人士组成的香港服装发展委员会为鼓励纺织及制衣业转型升级,提出将深水埗和长沙湾一带的成衣制造业整合起来,以打造服装潮流集散地。如今,深水埗时装及设计基地这一构想已初步落实。"我们的初衷是把深水埗打造成香港的韩国'东大门',成为时尚和设计基地。"香港服装发展委员会成员何国钲在谈到重塑深水埗时说道。

一栋五层高的楼内,分别有布料售卖区、样品展示区、工作室、配料区、公共空间等,这就是即将建造的位于深水埗通州街的时装及设计基地。何国钲说:"建造这样一个基地可以为本土设计师提供设计、制衣和零售等一条龙的工作空间,集中培育设计人才的创新能力和营销能力。""我的父亲是制衣业供货商,小时候会经常跟随他来深水埗,深水埗有着自己的历史,它只是缺少了包装,需要时间来寻回。"何国钲说。

---

① 界别:社会成员按行业划分的类别,如教育界、文艺界。

● 美荷楼生活馆内部　闵捷摄

记者来到距此不远的美荷楼，它的前身是安置灾民的徙置大厦，导演吴宇森小时候也曾居住于此。收音机、缝纫机叠床架屋，算一算也不过就是五六十年过去。这一页翻过了历史的落差，但贫富的落差却成了漏网的风景，深水埗见证了香港的前世今生。

如今的美荷楼一侧已经改造为"美荷楼生活馆"，并向公众免费开放，另一侧活化为青年旅舍以吸引各地游客入住。根据政府的规划，2019年下半年推出以时装为主题的旅游活动，未来还将在深水埗推出结合历史文化和多媒体创意的科技旅游项目。

手　记

这篇稿子是"香港故事"栏目的开篇，还记得当时采访后我和闵老师到美荷楼生活馆喝咖啡，这里曾一度被一场大火烧毁，如今又原地重建，并活化成新的模样。其实香港从来都不缺故事，少的是愿意静下心来听故事的人。后来的日子里，每当遇到采访过的相关事件，就会瞬间被拽回去，这也变成了属于我的记忆链。（殷晓媛）

风物地理　007

故事 02

海上龙舟
承载燃情岁月

周雪婷

● 闪耀永明龙舟队队员在赤柱正滩练习　　吕小炜摄

● 闪耀永明龙舟队队员在练习时合影　吕小炜摄

炎炎烈日下的香港赤柱正滩，两种水上运动项目在这里交会——皮划艇和赛龙舟。震天的锣鼓和呐喊声中，人们的目光不自觉地被龙舟吸引过去。端午将至，长洲岛、沙田、香港仔、荃湾……香港多个海滩被"赛龙舟"这项古老而年轻的运动"占领"。

与内地赛龙舟大多在江河中进行不同，由于坐拥多个开阔平静的港口，香港的龙舟比赛大多在海中进行。目前香港有近 280 支龙舟队，每年有近 60 场大大小小的比赛，比赛密度和队伍均堪称世界之最。而赛龙舟，对港人来说，也不仅是端午才出现的民俗项目，更成了他们生活方式的一部分，点燃他们平淡生活的高光时刻。

记者在赤柱海滩边见到刚从龙舟上下来的蒋肇轩，他是闪耀永明龙舟队的划桨手。在赛前繁忙的训练之余，他对记者讲述了他第一次参加比赛的情形。

"我大脑一片空白，好像连怎么划桨都突然忘记了。"蒋肇轩说。那是一场真正的比赛，锣鼓声中，飞溅的水花打湿了他的眼睛和身体。还来不及擦一擦，他就要立刻集中精力，划第一桨。这与平时训练有热身、上船再慢慢划到比赛场地不同。他说："我没有办法，看了一眼身边的队友，心想硬着头皮上吧。"

香港龙舟锦标赛的赛道一般长 300 米，到达终点要划 100 板到 120 板。"这 120 板，每一板都需要高度专注，全力以赴。"担任了近 20 年龙舟教练的侯志辉说。"为鼓足力气，划前 30 板时，我们都是不能呼吸的。"香港福建菁英龙舟队的划桨手赵松梅告诉记者。不同的龙舟队伍有不同的技巧和"战术"，赵松梅的队伍前 30 板会拼尽全力划。

临近端午节，赵松梅所在的龙舟队已连续五个周末参加各类比赛。与所有的集体项目一样，赛龙舟也要经过严格的训练。每周一、三、五的晚上，赵松梅都会到葵涌货柜码头，在灯光和汽笛声中与队友一起训练两个多小时。"我从七八岁就开始接触龙舟了。"在福建农村长大的他，小时候经常在龙舟上度过。"记得有一次我刚开开心心地跟大人一起坐龙舟回来，就看见妈妈拿着竹条在岸上等着准备揍我。"

● 龙舟划桨手蒋肇轩（中）在岸上训练　吕小炜摄

15岁从福建来到香港以后，赵松梅一度断了与龙舟的牵连。直到2015年，他经朋友介绍加入了香港的龙舟队。入队后，他深深感受到香港龙舟运动的繁盛与发达。目前，香港有国际龙舟邀请赛、香港龙舟嘉年华、香港龙舟超级联赛等多个国际性赛事。而他的队友也不仅是香港市民，超过80%的龙舟队中都有外籍人士加入。

"赛程过半时，有的队员已体力不支，有的队员还有余力，但勉强还能维持统一。"蒋肇轩清晰记得龙舟比赛时的种种细节。按照船的大小，香港的龙舟可分为大龙、中龙和小龙。一般参加国际标准赛事的龙舟是中龙。船上会有18到20名队员、1名舵手和1名鼓手。

香港几乎没有专业从事赛龙舟的运动员，所以同一条船上的队员平日的身份完全不同。在工作日，他们是装修工人、写字楼文员或是政府工作人员；而在周末，他们才换上统一的队服，在一架小小的龙舟上同舟共济。蒋肇轩是金融从业者，赵松梅是一名厨师。

龙舟教练侯志辉说，在龙舟上，队员们没有了不同的社会身份和阶层差异，而是回到人与人之间最朴素的情感——为了一个目标而拼尽全力，这也是赛龙舟最美的地方所在。

不仅是普通人，香港还有一支名为"黑武士失明龙舟队"的盲人龙舟队，侯志辉在队中担任顾问。队伍中一半是盲人队员，一半是义工。龙舟给了盲人们生活的快乐和动力，有盲人队员形容"龙舟改变生命"。

终点近在眼前，还有最后40板。这是蒋肇轩感觉最为疲劳也最为担心的时刻。由于体力原因，他发现队友们的节奏几乎都乱了。

关键时刻，蒋肇轩不记得是谁喊起了他们平时的口号："Power! Up!"不同年纪、不同职业的队友们突然又有了统一的节奏，喊"Power"时桨向下插，喊"Up"时统一提起手臂。

"在公司工作时，总觉得谁的业绩最好谁就最叻，而到了龙舟上，发现真的不是这样，划得最快的人一定不能心急。因为一个人的'快'，并不能提高

● 闪耀永明龙舟队队员在赤柱正滩练习　吕小炜摄

集体的速度。大家的统一、协调和默契才最重要。"蒋肇轩说。

在一声声的"Power! Up!"中，蒋肇轩所在的龙舟冲过终点线。两分多钟，120板，"上了船你就会明白，每一板我们都在拼尽全力"。

回望与龙舟多年的缘分，赵松梅说，划龙舟不仅能锻炼身体，还能更痛快、更热血地感受运动的激情；蒋肇轩则表示，在龙舟上，他不仅见过香港最美的海景，也明白了集体的真正含义；侯志辉说，全力以赴地前进、集中精力地拼搏、整个团队的妥协、亲密无间的合作，这就是赛龙舟里透着的哲学。

离开采访现场时，记者坐到了一艘龙舟上。小小的座位只能容纳一个人，在摇摇晃晃的海面上，将桨插入海面，而周围的龙舟已经划出了很远。漂泊在海上的龙舟，不仅承载着港人的快乐与信念，也承载着他们的燃情岁月。

手 记

去采访那天，香港的气温创下了全年最高纪录，而在赤柱海滩上赛龙舟的气氛，似乎比当天的气温还要高。我站在海边，看他们坐在龙舟上一起挥动船桨，一起高声呐喊，瞬间就被这项集体运动的氛围所感动。

一直听人说，香港是传统与现代相结合的城市，这一点在赛龙舟这项运动中体现得再好不过。虽然是端午节的传统运动，但在香港被发扬光大，成为不少公司团队建设的项目，不少外国人也十分乐意参与其中。资深龙舟教练告诉我，龙舟有 3C 精神：Concentrate（集中）、Cooperation（合作）和 Competition（竞争），秉承这 3C 精神，队伍才会取得好成绩。（周雪婷）

故事 03

天台之城　风景百变

郜婕

香港铜锣湾的一处天台　　王申摄

香港人常自称住在"石屎森林"[1]，形容在这座人多地少、建筑高且密的城市从下往上望的观感。但从另一个角度来看，香港也被不少人称为"天台城市"，其独特的天台文化在钢筋水泥之上演绎着各色别具温度和趣味的风景。透过天台上的风景，可以看到香港人的生活百态，更可一窥这座城市过去数十年的别样记忆。

唐楼天台上的"空中村落"

法国摄影师罗曼·雅凯-拉格雷兹来香港八年，过去两年间把镜头聚焦在九龙区旧式唐楼[2]的天台上。这些天台面积通常都不大，不少还因铺设管线、架设天线等而颇显局促。但香港居民利用这有限空间进行的活动显然超出不少人的想象：练武、祭拜先人、拍摄时尚大片、搭帐篷露营……

把通常在地面、室内或庭院进行的活动"搬"到天台上，显示出香港人的无限创意。在雅凯-拉格雷兹看来，这是香港独特的一面，也是他试图借助镜头留下的记忆。毕竟，随着城市的发展，越来越多的旧式唐楼逐渐被现代化大厦取代，这样充满烟火气息的唐楼天台文化或将慢慢消逝。

香港的唐楼天台文化可以追溯到20世纪50年代。据香港特区政府数码史料平台"香港记忆"记载，二战结束后，大批内地移民涌入香港，不少移民在山坡或市郊搭建寮屋[3]居住，也有不少人在亲友所住的唐楼屋顶自建"天台屋"。

那时不少唐楼的天台相互连通，俨然成了"二重地面"。住在天台屋的人家甚至把原先在农村养鸡种菜的生活方式"移植"过来，组成"空中村落"。

幼年曾住在九龙城唐楼天台屋的沈庆喜回忆，天台屋沿着天台边缘搭建，围出中间一片空地，供孩子们玩耍。曾经的唐楼居民刘荣光则说，唐楼居民时常上天台乘凉、聊天儿、赏月，天台在那个年代堪称"社区中心"。

"天台武馆"和"天台学校"

唐楼天台也在相当程度上促成了20世纪60年代前后的香港武馆"黄金时代"。据统计，当时香港的武馆数量

---

[1] 石屎森林：水泥森林。
[2] 唐楼：传统的中式楼房。多指20世纪40年代建成的旧式楼房，楼内无电梯、浴室等设施。

[3] 寮屋：用木板、铁皮等搭建的简陋棚屋。

●摄于20世纪60年代的香港黄大仙徙置大厦的"天台学校"　香港特区政府新闻处提供

多达400多家，大多设在租金相对低廉的天台。

有居民回忆，每到黄昏，各武馆师兄弟在天台练习拳脚兵器套路或舞龙舞狮技艺，伴着锣鼓声，成为老香港的一道独特风景。

1953年石硖尾大火烧毁大量寮屋后，香港开始大规模兴建徙置大厦，供原先自建寮屋、天台屋的人家租住，香港居民的"天台空间实践"也由此延伸至徙置大厦屋顶，最为典型的就是"天台学校"。

那时不少徙置大厦的天台都被慈善团体用来开办学校，以低廉学费为大厦租户子女提供基本的教育。在那个教育还未普及的年代，"天台学校"为香港基层家庭子女提供了难得的接受基础教育的机会。

"香港记忆"收藏了多张记录"天台学校"上课场景的照片。照片中，黑板和课桌椅露天整齐摆放，背景是蓝天白云和狮子山，学生在老师带领下识字、做操。照片说明写道："天台学校位置便利，学费廉宜。尽管学校设施简陋，师生关系却不失亲厚。"

闹市之上的"田园风光"

如今，"天台武馆""天台学校"都已随着时代变迁逐渐消失，但香港人对天台空间利用的创新仍在延续，"天台酒吧""天台电影院""天台农圃"层出不穷。位于铜锣湾希慎广场38层的天台花园，约800平方米的范围内设置了数十块菜地，种植着数十种瓜果蔬菜，呈现出与楼下繁华闹市截然不同的"田园风光"。这个天台花园每年举办三期种菜活动，每期持续约三个月，参与者多为在附近居住或上班的人。

正值天台花园定点开放时间，公司文员夏女士从金钟坐两站地铁赶来，料理她的菜地。"这里一般中午和周末开放，只要开放我都尽量来，看看我种的菜。"她说。

种菜活动颇受欢迎，每期约100个名额通常要从数百名报名者中抽签决定。夏女士与其他不少参与者对种菜都是"从零开始"。"好在这里有专业的

●铜锣湾，一名男子在搭有遮阳伞的天台上晒日光浴　王申摄

菜农指导我们开田、播种、搭架、施肥、收获。我学到不少东西，打算以后尝试在家盆栽种菜。"

希慎企业可持续发展经理余婉珊介绍，希慎广场在设计阶段就考虑开设天台花园，在楼顶防漏、承重等方面都有特殊设计。种菜活动为身居都市的市民提供体验田园乐趣的机会，还与周边学校合作，教育下一代亲近自然、为减轻都市热岛效应出一份力。

如果说早年间香港居民对天台的种种活用体现的是在挤迫生活空间下的灵活变通，如今像天台花园这样越来越多涌现在现代化大厦屋顶的创新，则在这座"石屎森林"之上添上了新的风景。这新旧两种风景折射出香港的多元化，正如雅凯-拉格雷兹所说："香港是一座充满多样性和细节的城市。你不亲眼看见，难以想象它的样子。"

手 记

以前说起香港的天台，我首先会想到电影《无间道》里两名主角在天台对峙的场景。的确，不少香港电影都曾在天台取景，香港的天台也借由电影成为不少人心中对这座城市的标志性印象之一。

经过《天台之城　风景百变》的探究和写作，现在再提起香港的天台，我脑海里会涌现出数不清的画面——既有唐楼居民忆述的充满烟火气的"天台村落"、黑白照片中以蓝天白云狮子山为背景的"天台学校"，也有正午阳光下在30多层高的天台菜园里勃勃生长的瓜果、夜幕降临后在购物中心天台放映电影的银幕……对这座城市的印象，也随着关于天台的印象一起，在时空两个维度变得丰满厚重。这丰满厚重，缘于今昔多元风景的对比，从中能看出这座城市的发展变化，也能发现港人在有限空间中灵活变通的特质一如既往。（郏婕）

故事 04

香港温情记忆：
转角遇到报摊

王一娟　卢娟

● 位于香港铜锣湾一条街边的报摊

清晨 6 点，天光未明，街道两边的银行和商铺门锁紧闭，路上少见行人。62 岁的张德荣来到自己位于香港尖沙咀广东道和海防道交界的报摊，和守摊 8 个钟头的姐姐交个班，旋即到附近的写字楼派发当天的报纸，以此开始了一天 16 个小时的工作。

寸土寸金、霓虹闪烁的香港街头，隔不远就会在路边见到一个报纸档。买报的人递上几元港币，从报贩手中接过当天的报纸，开始阅读生活。经年累月，报纸档构成了日复一日不可或缺的街头生活风景。一个不起眼的报纸档，往往有几十年甚至上百年的历史，几代市民家庭依靠它维系生计。

24 小时报摊守护微光

派完 100 多份报纸回到报摊，张德荣又马不停蹄整理摆放当日报纸，打理自己 1 平方米多的报摊：书籍、杂志、报纸码放整齐，各归各位，卖得好的香烟、瓶装水、凉果、口香糖放到显眼位置，等待顾客光顾。

报摊在香港被称为报纸档，摊主则被称为报贩。这些在街头擦肩而过的报纸档，不仅年岁够久，也是香港现存 600 多家注册报纸和期刊售卖的主力军。

1904 年，首个流动报纸档在中环花园道开档，开香港报纸档先河。在 20 世纪 90 年代香港报业的黄金时期，香港街头有近 2,500 个报纸档。"那时候，每隔几米就有一个报摊，生意红火得不得了。"身兼香港报贩协会副主席的张德荣说。

在那个黄金年代，一个报纸档一天能卖千份报纸，有时甚至达到 2,000 份。每逢有爆炸性新闻事件发生，销量更是惊人，买报的人排成长龙，报贩应接不暇。

"那时候报纸卖得很好，根本不用考虑是不是要卖其他东西来贴补。"今年 58 岁、笑称 4 岁就在父母报摊当"童工"、身为香港报贩协会公关主任的林洁卿说，生意好做的时候，她家里经营着四个报纸档，是报纸档给了她一家三代衣食无虞的生活。

"现在的报纸档比过去少多了。政

● 香港报贩协会副主席张德荣在位于广东道的报摊前　王一娟摄

府不发新的牌照，买报的人越来越少，生意不好做。"张德荣对记者说。林洁卿认为，互联网的普及令纸媒走入严冬，作为分销商的报摊唇亡齿寒。免费报纸的增加、便利店的竞争以及其他一些有商业牌照的商店也开始兼卖报纸杂志，这些综合因素导致了报摊数量减少。

香港食物环境卫生署提供的最新数字印证了张德荣的话。截至2018年7月31日，全香港拥有牌照的固定报纸摊位仅剩393个。十几年的时间里，报纸档减少速度之快，令人吃惊。

为了生存，有的报贩24小时不关档，通宵守摊。记者一天夜里11时路经香港湾仔区菲林明道的一家报摊，见摊主仍守在摊前，偶尔有人来买一瓶水、一包烟。细雨霏霏中，报摊朦胧的灯光温暖了暗夜。

报纸档前景黯淡后继乏人

张德荣和林洁卿都表示，现在报摊生意后继无人。"老的老了，年轻的没兴趣。因为干这行没假期、没钱赚，我们这辈人也许就是最后一批卖报的了。"林洁卿现在处于半退休状态，由妹妹接手了报摊生意，而张德荣的儿子在港铁公司工作，更不可能接手他的报摊。对于他们来说，"除了卖报，干别的也很难。如果有机会早就转行了"。

记者在香港街头看到，守着报纸档的绝大多数是六七十岁年纪的老人。他们亲历了报纸档的荣耀，也目睹了这一行业的迟暮，如今依然坚定地守护着从父辈手中接过来的这份事业，默默而勤奋地劳作着。

满头白发的张德荣对记者说，"真是非常辛苦，老婆、姐姐都来帮忙，每天开足24小时，还是没钱赚"。他说，每天报纸零售加起来只有几十份，

买报纸的人年龄都在40岁以上。"年轻人都看手机，不买报啦。好在现在卖不掉的报纸发行商可以回收，至少不会亏钱。"卖报收入只能占到张德荣每天收入的十分之一，其余主要靠售卖物品。这与报摊的黄金时代相比"落差太大了"。

林洁卿也是继承了父母的报摊生意。她的报摊位于深水埗的工厂区，面积只有张德荣报摊的一半，夹在一家茶楼和两家便利店之间。"为了多赚点儿钱，螺蛳壳里做道场，尽量把政府规定的能售卖的物品都摆上。"

香港政府对报摊进行了比较严格的管理，持牌固定摊位小贩每年要交4,000多元港币的牌照费，须遵守《小贩规例》的规定及相关牌照的持牌条件。除报纸杂志外，持牌摊位按规定可额外售卖纸巾、香烟、打火机、香口胶、糖果等12种物品。如果违反规例，报贩就有可能被检控罚款。同时，如报贩租借别人的牌照，一经揭发，食环署有权收回牌照。

●香港报贩协会公关主任林洁卿在接受记者采访　王一娟摄

报摊承载港人集体回忆

曾几何时，一纸如风，新闻瞬间传遍香港各个角落。人们手持一份心仪的报纸，在茶楼或者冰室里坐上半天，邻里见面畅谈纸上事，是何等的惬意。

报纸档是香港街头文化的重要组成部分，也是张德荣这样的报贩们的生活来源。有专家认为，报摊有存在价值，食环署应从恩恤角度，重新考量报贩政策。例如对收回的牌照，可以考虑发给低收入人士，给他们自食其力的机会。

报摊承载着香港人阅读生活的温情记忆，也是街坊邻里的信息交流平台，买一份报纸，和档主谈天说地，分享忧喜，交流信息和感情，比自助买报更具人情味。报纸档虽然日趋式微，但生命力依然顽强。面对当下的困境，香港报贩协会积极与政府沟通，表达报贩们的要求，希望政府放宽报贩售卖的货品种类，改善经营环境，让报贩能增加收入。而报贩们则不辞辛苦，灵活求变，困境中图生存，不轻言放弃。

林洁卿说，政府自2000年以来就没有签发新的报贩牌照，现存的报纸档也将随着时间的流逝而不断减少。但是报纸档是香港文化的一部分，"如果报纸档完全消失，是一件很让人心痛的事"。她低下头，神色黯然。

林洁卿感慨地说，报纸档养活了全家几代人，她对此怀有很深的感情，所以愿意站出来参加到报贩协会中，为更多的人做一些服务工作，让渐趋式微的报纸档能够生存下去。

手 记

在香港9月闷热潮湿的雨天里，我和卢娟打着伞，走过一家又一家报摊，买了一份又一份报纸，希望能和报贩们聊几句，听听他们有什么感受。或许是因为语言不通，也许是因为生意不好，那些坐在狭窄且四面被报刊包围着的摊位里的上了年纪的卖报人，大多表情冷漠。

好在有朋友帮助，采访了香港报贩协会的负责人，他们本身就是卖了几十年报纸的人，对这一行业的酸甜苦辣深有感触。我们也对香港报摊发展的整体状况和存在问题有了进一步了解。（王一娟）

风物地理

故事 05

大澳渔村：
海边的"浮城"往事

洪雪华　朱宇轩

●竖立于水上、由坤甸木支撑的棚屋，是大澳水上人家的住所　　李鹏摄

●水上婚礼结束后,新郎新娘与家人合影　洪雪华摄

伴随着喜庆的民乐和锣鼓,一场别开生面的水上婚礼吸引了众多游客驻足观看。一对新人甜蜜相拥,乘坐挂着红布的舢板,驶过大澳涌行人桥,沿着水道缓缓抵达婚礼现场……

水上人家,以海为生,以船为家,一艘小船承载了他们的苦乐年华。为了延续传统婚礼习俗,从2000年起,大澳乡事委员会每年都会举办一场水上婚礼。

2018年10月下旬,港珠澳大桥开通,大澳成了"距离大桥最近的村庄"。沿着山路阶梯抵达虎山观景亭,游龙般的港珠澳大桥便映入眼帘,令人叹为观止。

曾经的"水上人家" 如今渔民变导游

站在大澳涌行人桥往下看,只见三两只船停靠在岸边,船上整齐地摆放着数十个座位。"这些船是专门载游客去看港珠澳大桥和白海豚的,渔民们现在变成导游了。"大澳乡事委员会主席刘焯荣介绍说,部分大澳渔民自发成立客船公司,将渔船改造成20多艘游客

风物地理　023

● 太平街上，花胶店门口挂着许多海产品干　洪雪华摄

船，寻求转型。

香港电影《浮城》讲述一个普通香港渔民成长为社会名流的传奇经历，影片中水上人家的画面，也是昔日大澳人生活的写照：一家人蜗居在一艘小船，漂泊在一片汪洋大海上，望不到边际。

在大澳，水、陆两种居住形态和谐共生，生活在棚屋或者渔船上的人们自称"水上人家"。然而，20世纪50年代末，大澳渔业式微，这些"水上人家"站在了生活的十字路口。

"渔民们没有很多鱼可捕，只能另谋出路。"刘焯荣回忆说。

目前，大澳有100多间店铺，大部分为花胶店，还有小吃店、手工艺品店。沿着永安街、太平街，一股独特的腥咸气味扑面而来，挂在店铺门口的鱼干和花胶、摆在摊位上的虾酱，成为游客们必买的大澳特产。店老板热情地吆喝着，言语间有着水上人家的直爽。

76岁的黄来敏在大澳太平街经营着一家花胶店，他当了近40年的渔

民。"12 岁我就出海捕鱼,常年住在船上。"黄来敏说,"后来鱼变少了,我们卖掉了渔船,上交捕鱼证,拿着补贴离开这里"。

20 世纪 90 年代初,黄来敏离开了大澳,到市区成为一名搬运工。退休后,他还是回到这片熟悉的故土:"祖辈们都是大澳渔民,我还是想回到这里继续生活。"

"幸运的是,大澳拥有天然的美景和独特的民俗文化,发展旅游业也许是大澳人生活的新出路。"刘焯荣说。

"百年渔村" 棚屋承载大澳兴衰

棚屋是大澳的标志,是 18 至 19 世纪渔民们的智慧结晶。20 世纪 80 年代以前,大澳共有 10 个棚屋区,而一场严重的火灾烧毁了二涌、三涌、沙仔面三个棚屋区的部分棚屋。"有些居民不愿意放弃原来的住所,他们又原地重建了。"刘焯荣说。

"2000 年 7 月 2 日凌晨两点半,那场大火烧毁了 100 多间棚屋。"刘焯荣在大澳生活了近 60 年,他仍然记得,那日大火足足烧了五六个小时,最后只剩一片竖立于海滩的木桩。"以前,涨潮的时候,渔船可以停靠在棚屋旁,每户棚屋都是一个码头、一个补给维修的地方。"黄来敏介绍,大澳常有数百艘渔船停泊,因此有"东方威尼斯"的美称。

大澳位于珠江出海口以东,香港的西陲,与澳门之间是辽阔的伶仃洋。伶仃洋曾是一个理想的渔场,以出产黄花鱼而闻名。20 世纪 50 年代初期,大澳渔业鼎盛,有多达 500 多艘大小渔船。后来,推动渔业机械化,渔船数量迅速增加,但随着附近海域黄花鱼产量的下滑,到 50 年代末,大澳整体渔业开始式微。

大桥通车 "路"在何方

2018 年 10 月下旬,港珠澳大桥开通,这对大澳发展旅游业是个好消息。近年来,香港特区政府也一直支持大澳发展旅游业,如大澳与昂坪 360 合作推介大澳渔村文化及特产、增加私家车和旅游大巴进入大屿山的配额等。10 年前,在法国生活了五年的陈慧之回到大

● 站在虎山观景亭上，可以看到蜿蜒壮观的港珠澳大桥　洪雪华摄

澳开办民宿"归田园居"。"大澳发展旅游业，民宿能解决游客们的住宿需求。"她说。

陈慧之的父亲13岁就离开大澳到市区谋生。如今她将祖辈们留下的三层老楼房重新翻修，有香港市民、内地游客或外国游客来此短租。"去年，民宿关门了近一个月，原本的两三个员工都到市区寻找更好的工作机会，我找不到合适的员工。"陈慧之有些失落，大澳大多是长者，年轻人不愿意留在这里。

"大澳经济乏力，无法吸引年轻人，是因为我们没有一条路。"刘焯荣解释，大澳在香港地处偏远，一直为交通问题所扰。每逢台风季，前往大澳的山路常会被倒下的树木阻隔。"最严重

的一次，路被封了一个多月，我们只能乘船出去。"

为了改善交通，香港特区政府于2007年提出了大澳改善工程，包括在远离大澳市中心的宝珠潭和盐田建造水都双桥，让行人和紧急车辆通过。随着游客日益增多，大澳的基础设施承载力出现不足：巴士站、公厕总排起长龙，除了大澳文物酒店和数所民宿可提供住宿，能让游客过夜的景点很少。"大澳只是游客们半日游的目的地。"刘焯荣说。

"大桥虽然在旁边，但没有一条直接通往大澳的路。可路通了，大澳又能否承受得住呢？"刘焯荣和部分村民很纠结，大澳在解决交通问题的同时，需要提高旅游承载力。"我们希望特区政府能为大澳开发一条便捷的公路，在保留自然风光和民俗文化的基础上开发大澳。"刘焯荣说。

手 记

前往大澳采访前，从大澳乡事委员会的社交媒体账号中得知，大澳将有一场水上婚礼，为此我们特地在婚礼举办的那个周末抵达大澳。第一次来到大澳，发现村子比想象中还要热闹，游客们停留在大澳的每个角落合影留念，他们相册里都有大澳的特色标志——棚屋。沿着街道，走进村子，不时见到很多白发长者，他们轻摇纸扇，在路边的大树下乘凉。大澳的常住人口其实只有2,000人左右，其中三分之二是长者。大澳曾经渔业鼎盛，村子里的渔民们得到了大海的丰富馈赠，过着辛苦却惬意的生活。然而时代变换，昔日的香港渔村成了旅游景点，渔民们变身导游，这个小村庄如同一颗小卫星，围绕着港岛这个国际都市圈，缓慢却匀速地运转着。（洪雪华）

故事 06

鸭洲："袖珍小岛"的前世今生

王一娟　卢娟

● "鸭眼"成为鸭洲的地标，许多游客在这里留影　王一娟摄

● 村长陈启升说，有了故事馆，鸭洲的历史就不会被人遗忘 王一娟摄

在香港260多个岛屿中，大屿山面积147.16平方公里，是香港最大的岛，而鸭洲则是最小的有人居住的岛屿，它的面积只有0.04平方公里，常住人口也只有十几人。

浩瀚大海中这个名副其实的袖珍小岛，曾因渔民的陆续离开而一度归于沉寂。2018年4月，鸭洲故事馆开门迎接参观者，香港渔农自然护理署也在9月开启了通往鸭洲的公共渡轮航线，鸭洲一时名声大振，小小的鸭洲又活跃了起来。

鸭洲，因岛形貌似一只俯伏于海面的鸭子而得名。海的对面，深圳盐田的货柜码头清晰可见。鸭头面向深圳方向，海水侵蚀形成的拱洞如鸭眼，岛屿向东南渐渐抬升长出绿树，是鸭背，随后山脊缓缓下降伸入海中，则像鸭屁股。鸭肚弯处有一排两层楼的水泥房，还有码头、凉亭、公厕、篮球场等。

昔日，鸭洲有逾千人聚居，时至今日仅剩十几人。一直坚守鸭洲的，有年届90岁的"长老"陈秀冬。村长陈启升说，20世纪60年代时，由于资源匮乏，村里人陆续离开小岛，有的去市区找工作，有的移民国外，鸭洲人几乎全都走光。陈秀冬的女儿、儿子都移民去了英国，而他坚决不走。

陈秀冬说："英国我去过几次，那里什么都有，但不是我的，是人家的。"又说："我生于斯，长于斯，也要死于斯。"他每天在岛上捡垃圾，打扫落叶，傍晚去村里的教堂诵经祈祷。日复一日，年复一年，从无间断。

在一般人眼里，鸭洲没有商店、没有饭馆，也没有车，生活很不方便。而在陈秀冬看来，这里有水塘、有教堂、有学堂，生活一无所缺，而且自由自在，是人间的乐园。

● 渔农自然护理署于 2018 年 9 月开通了前往鸭洲岛的公共渡轮　王一娟摄

乐园里自然有"故事"。为保育及传承鸭洲独有的地质和历史文化，鸭洲村民、狮子会自然教育基金及香港联合国教科文组织世界地质公园，将岛上荒废的渔民子弟学校改造，创建"鸭洲故事馆"。

作为全香港第一个有当地居民参与并进行资料搜集的故事馆，馆内除了有展板、居民生活旧照及工具外，还有独特的鸭洲话及鸭洲渔歌等，该岛的聚落及生活方式、疍家文化遗产于此可见一斑。

故事馆里陈列着鸭洲人曾经用过的渔具、穿过的衣服以及文字图片等，这些看起来有些过时的物品，正在默默诉说着鸭洲人曾经的海上时光。

而渡轮开通后，越来越多的游客也开始到来。陈启升说，每天有 600 多人来到鸭洲，他们到故事馆参观，到海边戏水，到"鸭眼"处拍照。让更多的人了解鸭洲的历史、地质和文化，让漂泊在外的鸭洲人不忘记自己的"根"之所在。

陈启升说，有了故事馆，鸭洲的

义工们在清扫垃圾　王一娟摄

历史就不会被人遗忘，漂泊在外的鸭洲人会永远记住这个自己的出生地，思乡之情也就有了实实在在的寄托。也许只有在这个秀丽的小岛上走一走，听一听海浪拍打沙滩的声音，触摸一下这里独特的红色岩石，听故事馆的导赏员的讲解，方能体会鸭洲历史的珍贵和鸭洲故事的美妙，理解鸭洲人对故园的挚爱与眷恋。

手　记

一直对香港的离岛怀有浓厚的兴趣。在我去过的香港10多个离岛中，鸭洲是最独特的一个。它的独特不仅仅如文中所写，还在于它是一个刚通公共渡轮的小岛，少有人踏足。第一次在报纸上看到有热心人在这个只有十几人的小岛上开办"鸭洲故事馆"，不禁怦然心动，无奈当时没有公共渡轮，无法前往。

总是对人迹罕至的地方好奇。鸭洲之行也是卢娟在香港的告别之旅。驻港工作数年，她就要结束任期回北京了。离开香港前，她说，一起去离岛鸭洲转转吧。如果不是在岛上偶遇村长，这趟鸭洲之行就只是我俩的一次离岛之游和卢娟的告别香港之旅。那天，鸭洲阳光浓烈。我们试图从一棵被台风"山竹"吹歪的大榕树下通过，到村里唯一的教堂去看看。这时，一个人拦住了我们，这个人就是村长。于是，就有了这篇稿件。（王一娟）

故事 07

大馆的一百面：打开中环"记忆的盒子"

闵捷　朱宇轩　洪雪华

● 画家临摹的大馆水彩画和大馆实景　　洪雪华摄

大馆检阅广场一角　洪雪华摄

香港荷李活道 10 号，一座西式游廊和中式瓦顶相得益彰的庭院式建筑——大馆坐落在这里。大馆经过 10 年活化后开放，已成为香港最庞大的历史建筑群和港岛新地标。大馆涵盖香港三大法定古迹——前中区警署、前中央裁判司署和域多利监狱。

1841 年，香港首座裁判法庭和监狱落成，后随着警队成立、囚舍增加以及各种功能完善，到 1860 年后，这座带有监狱的法庭逐渐扩张成中区警署、中央裁判司署和域多利监狱建筑群。2006 年结役，2018 年重新开馆，保育①后的大馆从一个禁闭森严的机构，转变为对公众开放的公共空间，这里有 16 个历史建筑、艺术馆和咖啡厅。

大馆地处中环，印刻着中环小区的 DNA。"90 后"插画师黄咏珊在大馆内举办主题为"大馆一百面"的展览，描绘 100 位中环老街坊的大馆故事，为读者打开大馆的记忆盒子。黄咏珊的画笔下，中环是香港最繁华的地区，各行各业百花齐放。茶餐厅、大排档、肉铺、中药店……五光十色的霓虹招牌下，各类店铺鳞次栉比，与大馆比邻而居。

"早上 8 点，从我家窗口向大馆望去，可以看见垃圾车停在域多利监狱的蓝闸，光脚的囚犯鱼贯而出倒垃圾。"住在大馆旁坚道的沈锦献回忆他儿时凭窗所见的大馆日常。儿时在瑞香酒家工作的钟耀昌经常送外卖到大馆，旁人无法在大馆内随意走动，他却通行无阻。"我爸都戏谑我是'外交部长'呢！"钟耀昌笑言。

龙记饭店老板李金忠开铺 30 余年，以前常给大馆送烧猪。"大馆是我们的老主顾，每逢有警员升职加薪、拜关帝，我们就有的忙啦。烧猪是必点

① 保育：保护（自然资源、传统文化等）。

● 域多利监狱墙上的投影　朱宇轩摄

的，甚至有一次我们送了 10 只烧猪，我还被允许留下来帮忙切烧猪咧！"李老板回忆和大馆做生意的点点滴滴。

在中环街坊口中，大馆警员不似港剧里"阿 Sir"般威风凛凛，反而亲切随和如隔壁阿叔。上班前，警员在莲香楼饮早茶，午休来到九记牛腩店点一碗招牌清汤牛腩面；接到古董字画失窃案，警察会请神州旧书店老板帮忙留个心眼；每当警服又出了新款式，阮氏洋服店的老板就开始忙活起来；奥林比亚接臣咖啡老板也会热心"借"店铺给便衣警察执行公务……"大馆充满人的故事，每个走进这里的人都会成为大馆历史的一部分。"黄咏珊说道。

100 多年来，成千上万的警员曾驻守大馆，他们来自五湖四海，有香港本土警员、威海卫警察，还有来自英国、印度等不同国家的警员。警察的工作需要出生入死，不管是讲广东话、上海话、山东话、潮州话还是英语，警员亲密无间。"我们好似兄弟、师生，从我担任警员开始，我的上级就一手一脚指导我，他就是我命中的贵人。"前中区警署警长钟瑞昌提起在冲锋队时的上级，至今仍满怀感激。

"第一份工作就是在大馆，我从未想到这份工作我做到退休，做了一辈子。"前中央裁判司署司法书记卢德辉感慨道。许多人同卢德辉一样，在他们的一生中，大馆留下了不可磨灭的印记。

曾经的大馆是集法治、审讯和惩教于一身的"一站式"网络。随着紫荆花开在警徽上，大馆也变身为一个文化艺

大馆的一百面：打开中环"记忆的盒子"
视频记者：陈其蔓
摄像：仇博 朱宇轩
剪辑：陈其蔓

术基地，致力于为香港市民带来历史文物展览，培养公众的艺术体验，加深其对香港历史的了解。

域多利监狱高墙上的带刺铁丝网，营房大楼上加建的第四层，放射型囚室……这些建筑都得以保留，并被布置成历史故事空间。著名诗人戴望舒在日军占领香港期间被囚禁在域多利监狱，并于狱中写下《狱中题壁》。游客可穿越时空，在域多利监狱墙上投影看见题诗，感受戴望舒的无畏。

图文、漫画、影音……在"大馆一百面"等艺术展览上，游客们行走在红砖游廊里，感受着中环的百面店铺，体味着街坊的百面人生。大馆内还新开了艺术馆和咖啡厅，游客闲适地倚在木椅上，欣赏艺术家和艺术团带来的画作手工和歌剧表演。

"当年大馆附近商铺的老板和退休警员会特地过来参展，在这些插画中，他们总能发现熟悉的人和事。"黄咏珊说。大馆庭院内立着一棵树龄 60 年的杧果树，亭亭如盖，果叶翠绿。又到一年盛夏时节，空气里飘浮着杧果的清香。

手 记

大馆是我作为"旅游"记者向来港亲朋好友的良心推荐。有建筑，有展览，有餐厅……在熙攘中环，捧着一杯冻柠茶，游走在大馆内，你可以悠悠闲闲晃悠一下午。

大馆内有个石墙剧场，在最里处赛马会立方对面，长长石梯连着一块巨大的石幕。如果有闲暇，可以坐在石梯上，各种文艺片投影在石墙上，沁凉的水泥地，兴奋的人群，就像旧时光里，那个仲夏傍晚的露天电影院。（朱宇轩）

故事 08

香港图书馆：别致的风景

王一娟　苏晓

香港中央图书馆外景　　王一娟摄

● 市民在位于尖沙咀的图书站前借书
王一娟摄

离开香港数年之后，白小姐依然清晰记得在山野之外"偶遇"图书馆的情景：大屿山里一个不知名的小村落，周末行山途中，一座小型流动图书馆停在路边，静待读书人。辽阔的山野，明亮的阳光，飘着书香的图书馆，给她留下深刻印象。

图书馆就在家门口

香港最早的公共图书馆成立于1869年，主要为英文藏书。1974年，第一个流动图书馆在街头投入服务。此后几十年间，香港陆续兴建了规模不同的图书馆，如中央图书馆、分区图书馆、小型图书馆和流动图书馆。

作为中央图书馆的常客，当白小姐第一次走入这座12层高的大楼时，她兴奋不已。中央图书馆在香港不仅面积最大、图书最全，而且地理位置优越：其对面就是港岛面积最大的维多利亚公园，在图书馆高层还可以远眺风光旖旎的海上景色。

香港特区政府康乐及文化事务署工作人员在接受记者采访时说，康文署辖下的香港公共图书馆现共有70座固定图书馆、2个24小时自助图书站、12座流动图书馆和超过110个流动服务点。

家住轩尼诗道的赵先生经常去图书馆看书，骆克道图书馆和街市在同一座楼上，走10分钟就能到，他经常是买菜的时候就顺路把书借回家。至于还书，就更方便了，在香港任何一个图书馆和放置在街边、地铁站内的还书箱都可以便利完成。

土地金贵的香港之所以有这么多图书馆，得益于特区政府的规划。《香港规划标准与准则》明确规定，地区内每20万人口应获提供一个2,900平方米面积的分区图书馆，以满足市民的阅读需求。那些偏远的乡村和人口数量不足以

● 图书馆一隅　香港康文署提供

建立图书馆的地方，流动图书馆不定期前往各个服务点，为村民提供服务。大屿山中的那个图书馆就是流动服务点之一。

多元服务　老少咸宜

香港全球闻名的优质服务在图书馆得到了充分体现。宽敞明亮的中央图书馆里，靠窗的地方摆着桌子、椅子、台灯，一排排书架的两边，也放着沙发和椅子，许多人坐在那里看书。

图书馆内景　香港康文署提供

从事美术设计工作的白小姐每隔一段时间就会去中央图书馆十楼的艺术文献阅览室观看著名艺术家的作品,从中寻找创作灵感。更让她惊喜的是,在六楼的视听数据图书馆,她找到了曾经在法国拜访过的著名旅法画家赵无极的电视片,已经离世的赵先生的音容笑貌又重现眼前,这让她十分感动。

大人爱去,孩子也爱去。玩具图书馆位于中央图书馆二楼,这是全港首间公共玩具图书馆,服务对象为家长和八岁或以下的儿童。馆内共设四个主题游戏区,分别为婴孩游戏区、模仿及想象游戏区、创意游戏区及智慧游戏区,特别按不同年龄儿童的发展需要和游戏模式而设计。每次经过,记者都能看到欢乐的家长和孩子们。

图书馆还专门辟出自习区供学生温习功课,并规定不得占座。骆克道图书馆的自习区和图书馆入口分开,要自习的学生和要看书的读者各得其所,互不影响。从内地考入香港高校读书的小马说,图书馆在晚上9点关门之后,自习室延长一个小时的使用时间,这让他非常开心,"在图书馆查到数据,在自习室里把文章写好,资料书就不用往学校背了,很方便"。

珍视图书馆里的深度阅读

康文署还在不断探索为读者服务的更多方式。前不久,香港第二个24小时自助图书站在尖沙咀开张,前来借书还书的人络绎不绝,许多人借到书后还拍照留念。工作人员江先生告诉记者,很多人都为能够从机器里借到书而高兴,24小时服务也令读者借书还书更加方便。

香港中文大学教授、香港亚太研究所城市与区域发展研究中心主任沈建法经常到图书馆看书。"香港公共图书馆是政府提供的公共服务的一个重要组

风物地理

●图书馆　香港康文署提供

成部分。香港图书馆布局合理，图书馆接近市民生活区，经常举办各种公共讲座，许多青少年与老年人都乐于使用图书馆服务，这极大地提升了香港的宜居水平与城市竞争力。"他说。

喧嚣的数字时代，人们仍然离不开图书馆里的深度阅读。正如阿根廷著名作家博尔赫斯所说，被图书重重包围是一种非常美好的感觉。而香港公共图书馆的密度、方便程度以及管理的人性化，恰也成为一道别致的风景，让爱书的人爱上这座城市。

手记

多年前，在南京图书馆，我第一次看到了"天堂，应该是图书馆的模样"这句话，让我深深震撼。来到香港后，又一次被香港公共图书馆深深震撼。

闹市里的图书馆就不必说了，在大屿山的深山里，在周末的行山途中，一座流动图书馆闯入视野！那样一幅空灵而又有意味的画面，久久在我脑中萦绕。而每一位曾经到访过香港图书馆的内地人，都会被香港公共图书馆的服务震撼到。被震撼的内容包括图书馆的自由出入、借书和还书的无比便利、开放时间之长以及延伸到乡野和离岛的流动图书馆。

这样一种"幸福"，香港人日用而不知。说香港是文化沙漠？就凭那些设在街市里和家门口的图书馆，就不会认同这一说法。（王一娟）

故事 09

香港有个"小泰国"

邰婕　张雅诗

●九龙城每年举办"泰国泼水节"。图为 2015 年泼水节的场面　泼水节主办者、"泰二代"陈彩莲提供

走在香港九龙城城南道上，会有一种身处泰国的错觉：街道两旁不少店铺的招牌上都有泰文，店门前摆卖的是泰国特产蔬果、糕点、香料、手工艺品，店内墙上显眼位置挂着泰国国旗、国王像和佛龛……

这样的景象在周边纵横几条街道都可见到。据香港特区政府最新人口统计数据，在香港为数不多的非华裔人口中，泰国人约有一万人，占比2%，其中近四成居住在九龙半岛，相当部分聚居在九龙城这几条街道附近。

生活在九龙城的泰国人把这一方街区的"泰国风情"经营得有声有色。泰式餐厅、泰国杂货店、泰式按摩店每隔几步就是一家。每天上午，这里会有供僧仪式。每年4月泰历新年期间，这里还会举办泼水节，供在港泰国人同乐，也向香港市民和游客展示泰国文化。

泰国人在九龙城聚居，始于20世纪七八十年代。那时，香港经济起飞，泰国的年轻女孩为了更好的出路，由媒人牵线到香港相亲，相亲成功便成为"过埠新娘"。泰国华人不少祖籍潮汕，后代懂潮州话。由于语言相通，不少泰国女孩在香港找到潮州人作为另一半。九龙城本是潮州人聚居之地，自然而然多了不少来自泰国的新娘。

如今在城南道经营泰国杂货店的谢桂芳，就是当年从泰国嫁到香港的一名"过埠新娘"。据她回忆，那时她的家乡常遭水灾，经济不好。她经在香港的亲戚介绍认识了丈夫，1981年随丈夫到香港生活。

谢桂芳嫁到香港的时间，算是泰国赴港"过埠新娘"风潮的尾声。与不少比她更早嫁到香港的新娘一样，谢桂芳初到异乡的日子并不好过。"那时想给家里打个电话都很不方便，而且很贵。很多'过埠新娘'因为思乡和不适应香港生活而离开。"谢桂芳说，很多香港婆婆因此认为泰国新娘靠不住。

原本与婆家同住的谢桂芳，为了避免婆媳矛盾，选择与丈夫搬出来住。"公一份婆一份"，夫妻俩各打一份工，慢慢建立起自己的小家。

说起那段日子，谢桂芳反复说着

● 九龙城每年举办"泰国泼水节"。图为 2015 年泼水节的场面　泼水节主办者、"泰二代"陈彩莲提供

● 九龙城一家泰国杂货店出售各式泰国特色食品　邝婕摄

"自力更生"四个字，也不忘提及周遭人的热心相助："我最早在制衣厂当车衣工，广东话学得快，人缘也不错，本地工友都很帮我。养育孩子、申请公屋等事情，都有他们帮我出主意。"

在制衣厂打工时，谢桂芳留心学习香港企业的管理。后来攒了些钱，她便与同乡合伙开泰国杂货店。"我没有多少钱，只能跟人合股，但是我有经营头脑。"说起这段"白手起家"做生意的经历，她的笑里带着自豪。

从1994年入股杂货店起，谢桂芳的生意越做越大，几年后又先后开了一家泰式餐厅和一家泰国杂货店。她为这两家店都取名"同心"，寓意"同心协力把生意搞好"。

像谢桂芳这样同时经营泰式餐厅和泰国杂货店的老板，在九龙城并不少见。据她介绍，这是出于经营便利：泰式餐厅要做出正宗泰国菜，需要泰国特产的食材，于是催生了泰国杂货店。

泰式餐厅和泰国杂货店在九龙城出现，与这个街区的特殊地理位置密不可分。当年从九龙城向东南方向走，过个地道就是启德机场，这里因此成为不少泰国人下飞机后的第一个落脚点。不少20世纪80年代从泰国来香港从事家政服务的"泰佣"就住在这附近。

在这个街区北面，紧挨着的是当年中国、英国和港英政府"三不管"的九龙寨城。那是当年不少没有长期在港居留签证的泰国人打工和栖身的地方。有了一度客运量全球第三、货运量全球第一的启德机场，以及一度是全世界人口密度最高之地的九龙寨城，泰国杂货店有了空运进货的便利，而泰式餐厅和杂货店的生意也被人气催旺。

谢桂芳说，那时泰式餐厅生意红火，对泰餐厨师的需求大。不少泰国男人到九龙城当厨师，再申请把老婆孩子带过来，"就这样在香港落地生根了"。

随着九龙寨城于1995年清拆完毕并被改建成公园，启德机场于1998年因位于大屿山的新机场建成而停用，到了90年代中后期九龙城的人气降了一大截儿。不过，谢桂芳说，那才是九龙城"小泰国"真正成型的时候。

● 在九龙城经营泰国杂货店的谢桂芳向记者介绍店里自制的泰式咖喱　郜婕摄

"本地人搬走，很多店面空了，租金平了，泰国人就租下来，聚在一起开店。"谢桂芳说，她也是趁着那个时机租下店面开餐厅。由于租金便宜，经营成本降低，加上大家合力推广，重整旗鼓，大概半年生意就回来了。

随着泰国经济发展，早已没有泰国女孩会因经济原因来香港做"过埠新娘"。相反，伴随泰国旅游业发达，香港越来越多人喜欢去泰国旅游。而如今在谢桂芳的店里，顾客除了在港泰国人，也有不少本地人。"有些人在泰国尝到好吃的，回来就到九龙城找。我们的生意很多时候都是靠口碑。"她说。

如今的九龙城已有不少"泰二代""泰三代"。谢桂芳的生意现在就由女儿安杰尔帮忙打理。在香港生长、受教育的安杰尔，比上一辈有更多经营的新方法。"我女儿利用社交平台推销热门货，还教人用店里的食材做泰式美食，加大宣传力度，十分奏效。"谢桂芳说。

近几年，随着九龙城拆旧建新，租金也逐渐高涨。一些泰国人开始搬到新界等远一些的地方继续做生意，但也有不少人坚持留下来。

面对"小泰国"未来可能的变化，年近七旬的谢桂芳很坦然："不要怕变化，有变化就有新机会。最重要的是适应新环境，抓住新机会，不能一味等。最多从零开始，就是这么简单。"

手 记

发现"小泰国"，是在一次采访中无意间"闯入"九龙城这一方满是泰国风情的街区，了解后发现这里简直是"宝藏"："小泰国"背后有很多故事，比如泰国人和潮州人的融合，一度客运量全球第三、货运量全球第一的启德机场的兴衰，曾经人口密度居全球之首的九龙寨城的传奇，知名泰餐品牌的创始，等等。千头万绪中，抓到泰国杂货店老板这根"救命稻草"。这位几十年前从泰国嫁到香港的"过埠新娘"，用流利的广东话讲述自己和"小泰国"的故事。她在采访中反复提及"自力更生""适应新环境""落地生根"等字眼，道出了泰国人与这座城市过去、现在和未来的关系。（邓婕）

故事 10

锦田壁画村：200 名义工绘就爱的画卷

陆敏　丁梓懿

●2019 年 5 月 23 日无人机拍摄的香港锦田壁画村　吕小炜摄

香港元朗锦田乡因拥有 500 年历史的古老村庄而闻名。而今，30 多幅壁画让这里的古老村庄又平添了几分艺术气息；锦田壁画村成了"网红"地，吸引了不少市民和游客慕名到此"打卡"。

漫步村庄，散落在田间地头的壁画引人驻足。这些画作或吉庆祥和，或淳朴有趣，其间传递出的温情与美好，让人心头不由漾起暖意。

壁画村的由来是一个温暖的"治愈系"故事：一位普通的香港中学老师郭燕铭，从带领两名学生起步，到吸引 200 多名义工加入，大家你一笔我一笔，用一个个充满爱的涂鸦，播种美、传递爱。在这个过程中，年约中年的郭老师也成功治愈了折磨自己多年的抑郁症。

梦想开花：让香港人拥有自己的壁画村

吉庆围村口，有一幅大型壁画《吉庆祥和》：一条巨龙在村庄腾空飞舞，村民在其间劳作生活，鸡犬相闻，怡然自在。

"这是目前 30 多幅壁画里最长的一幅，参与人数超过了 50 人，花了两三个月才完成。这里面包含了舞龙、对联、围村文化等传统元素，希望把祝福带给锦田村民。"郭燕铭指点着画幅介绍其中的细节。如今的郭燕铭开朗爱笑，不过，由于巨大的工作和生活压力，她曾长期处于抑郁状态，甚至还动过自杀的念头。"作为一名视觉艺术的老师，我擅长的就是绘画了。有一年去韩国旅行，看到当地有个壁画村，很美，小区氛围也好，当时脑子里一闪念，能否在香港做相同的事？"她说。

这一闪念，有一天被学校报告板上的一则"香港教师梦想基金"宣传海报点燃了。几番挣扎，在报名截止前的那天夜里 11 点多，她终于鼓起勇气在网上报名，小心翼翼地把自己的"梦想"提交上去：两年之内创作 50 幅壁画，让香港人拥有自己的壁画村！"谁会相信我呢？"但是，她又鼓励自己："梦想不够大，就不叫梦想啦！"回忆当时情形，她笑着说。

连她自己都不敢相信，"梦想"真的开花了。基金会同意了她的计划，

郭老师在《十五与阿美》前介绍　陆敏摄

但建议她先画5幅作品进行试点。2017年10月，她带着两个学生，选择了历史悠久、习俗完整、交通便捷的锦田乡开始了自己的壁画村"筑梦之旅"。

信任支撑：200多名义工加入团队

郭燕铭着手完成的第一幅作品《郭老太》，是以自己的母亲为主角，简单质朴的画面上母亲搂着外孙，脸上露出慈爱的笑容。不久后，这幅亲情浓郁的壁画被上传到了社交媒体，感动了许多人，有市民主动联系她，一传十、十传百，郭燕铭的团队竟然迅速扩展到超过200人。

没有任何报酬，大家互不相识，就靠一个"信"字。他们当中，有白

《吉庆祥和》壁画进行中　郭燕铭提供

领有学生，有退休夫妇，也有带着孩子的妈妈……大家顶着烈日、冒着风雨，利用自己的休息时间从城市的四面八方赶来画画儿。一家著名油彩供货商闻讯后，主动为郭燕铭的团队提供油彩，还表示将一直支持下去。

锦田吉庆围青联会会长邓健中一直帮助郭燕铭与村民做沟通。他告诉记者，村民都认为这是一件很有意义的事情，大家都很支持配合，不少村民还主动表示"我们家的墙都可以画哦"。壁画村的推进，"地利""人和"都不成问题，难的是"天时"。"画壁画要看天气"，郭老师说，"这几个月来，香港天气越来越热，有时又赶上下大雨，都不得不停工"。

尽管如此，大家依然热情饱满，坚持不懈。到2019年5月，壁画村项目用19个月的时间在锦田乡中心地带的吉庆围、祠堂村、永隆围和泰康围四个村庄完成了32幅壁画，算是"超额完成"。

爱的传承：致敬传统　疗愈人心

在锦田街市公园对面，路口一幅《十五与阿美》描绘了一对白发老夫妇依偎着闲聊家常的场景，宁静恬淡的画面里流露出平凡人家的相爱相守之美。

郭燕铭告诉记者，这是以她父母为原型创作的画作，她特地把父母穿的衣服画成青砖和红砖图样，将锦田当地的乡村砖屋文化融入其中。"家庭关系是人与人之间最重要的感情关系之一，需要在社区里提醒人们珍惜家庭关系，珍

● 元朗锦田乡壁画　　吕小炜摄

视传统文明。"来自六个兄弟姐妹大家庭的郭燕铭对此感受颇深。

这里的壁画有反映自然风光的《锦田河风光》、表现人物的《母亲》、介绍乡村习俗的《立春》、倡导文化交融的《Unity 共融》以及展示人与自然和谐相处的《鹿野仙踪》《花花爱巢》等，但所有的壁画里都有共同的主题——表达爱、传承爱。

过年的时候，村民张罗着请义工团队们一起吃盆菜，大家围坐在一起，好不热闹开心。"大家彼此信任，互相支持，我感受到了一种久违的浓浓人情味。"郭燕铭说。

郭燕铭和当地村民及义工都结成了好朋友，在传递爱的同时，自己也成了受益者，多年的抑郁症不治而愈。"压力还在，但怎么面对压力，心态完全不同了！"

美丽的壁画让锦田的名气越来越大，锦田乡事委员会主席邓贺年看在眼里，乐在心里："接下来，香港大学要和我们合作，组织患有自闭症的小朋友来村里作画，帮助孩子们融入社区，共同感受爱与美的教育。"

2020年，郭燕铭将举办一场"爱的围墙——香港壁画马拉松"活动，让参与的市民一人一笔，表达对社会和谐的向往。她心里还藏着一个更大的愿景——把壁画村的模式复制到内地："要是有一天，乘着高铁去内地的乡村画壁画，那该多好！"她笑着说。

手 记

想去采访壁画村，起初只是缘于一个有点儿文艺的念头，对这个网红壁画村有点儿好奇，想看看在古老村庄的墙上，画满各种涂鸦，会呈现怎样一种艺术效果。

和壁画村创意的负责人郭老师见面之后，尤其是坐下来深谈之后，才聊出一个以爱育爱的治愈系故事。原来这是位患抑郁症的老师，她带领团队用壁画讲述爱、传递爱，没想到在爱的付出中收获大爱，最后温暖了人心也解开了自己的心结。她说，在快节奏的社会，人心容易焦虑、失衡，需要艺术来舒缓和疗愈。深以为然。（陆敏）

故事 11

跨境探访香港赛驹从化"新家园"

闵捷

● 在广州从化，骑师在训练马匹　王申摄

● 香港赛马会从化马场　王申 摄

2019年5月15日晚，香港跑马地马场，第四场1,650米比赛即将开始。

10号赛驹本不是最被看好的"选手"，但比赛一开始，它在骑师的驾驭下表现稳定，并在转入直道时开始发力，后劲凌厉，最后，10号赛驹一马当先，在观众的欢呼声中拔得头筹。

记者从香港赛马会官网发布的信息中发现，这匹赛驹两天前刚从广州从化马场完成为期一个月的训练归来。香港赛马会两地马房营运及马主服务部主管郑奇龙认为，赛驹在从化马场训练、生活一段之后，回到赛场后成绩都有明显提升。记者日前专程从香港跨境到广州从化，到香港赛马会从化马场里一探究竟。

四面环山的辽阔马场

从化位于广东省中部，素以温泉之乡而闻名，是环境优美的度假胜地。从化境内的北回归线标志塔，标志着这里是热带和北温带的分界线，亚热带季风气候舒爽宜人。马场四面环山，山顶云雾缭绕，空气清新。

早在2010年亚运会在广州举办时，有丰富马匹运动经验的香港赛马会就帮助广州市建立了从化马场，并商定在亚运会结束后将马术场地交由香港赛马会管理。此后，赛马会投入30多亿元进行建设，将其打造成内地首个达到世界最高标准的纯种马匹训练中心和马场。

距从化马场入口不远处，有一座黄

色的三层小楼，写有"中国海关"四个大字。原来，为了便利马匹顺利通关，海关特别开设了"赛马通道"——这些赛马可以从香港直达从化马场，再到设在这里的海关进行查验。

据郑奇龙介绍，这个特设的"赛马通道"，在流程上简化了进出境赛马检疫监管手续，海关工作人员在马会兽医协助下，逐匹临床检查马匹的健康状况，确认身份和证书。同时，海关工作人员还可以通过设置在通道上方的红外智能体温检测系统，自动完成对马匹的体温监测。

占地150公顷的从化马场及其周边地区，均属马匹无疫区。在中心5公里半径范围内，以及马匹往来香港沙田及从化所使用的任何道路两边各1公里范围内，均不容许有中心以外的马匹进入。从化无疫区在国际间获得充分认同，被世界动物卫生组织认定为马匹无疫区概念的成功例子。

香港食物及卫生局局长陈肇始曾表示，成立从化马场，正好切合大湾区发展方向，有利于推动区内马匹运动和相关产业发展，成为大湾区建设另一个成功范例。

马房、泳池、登山跑道、马匹医院

2018年8月28日正式启用的从化马场，是香港沙田马场的"升级版"辅助训练基地——它比占地73公顷的沙田马场面积大一倍，同时设备更先进，训练中心内的游泳池、康复中心等，规模较香港现有同类设施都更为庞大，有些更是沙田马场所没有的，如世界级的马匹医院、登山跑道、放草休养区等。

走进马房，木糠地板、淋浴间首先映入眼帘。一间间的马格沿着马房两侧的墙壁顺次排开，屋顶最高处达到8米，中间的走道上方设有空调和供暖系统，马房内常年恒温在24摄氏度左右。每个标准马格是3.6米见方，身躯高大的马匹在里面可以自由转身。

每个马房可以容纳68匹马入住。而这样的单层马房在从化马场有八栋，此外还有一栋双层马房，可容纳120匹马入住。所以，从化马场最多可以容纳664匹赛马同时入住。

●在广州从化，来自香港沙田马场的赛驹由马夫牵着走出海关 王申摄

马的游泳池设有直道和弯道，泳道长度为 70 米，最深的地方达到 2.6 米。据工作人员介绍，体重大约 1,000 磅到 1,100 磅的赛马，细长的四肢承受的压力非常大，很容易受伤。而游泳对于缓解疲劳、恢复体力很有帮助。赛马一旦受伤或生病了怎么办？这里有一间马匹医院，办公面积近 5,000 平方米，内设两间诊疗室、一间放射照相室，还有一间手术室。这里拥有世界顶级的设备，可以为马匹做专业治疗，也可以做大型的手术。

据介绍，每周香港赛马会有两次往来香港及从化的马匹运送，每次运送 20 至 30 匹马，所以目前在从化马场大约有 200 匹马，香港沙田马场有 1,200 匹马。

大湾区粤港合作的成功范例

2019 年 3 月 23 日，从化马场举办了纯演示性速度马术比赛，这是香港

● 在广州从化,工作人员在马匹医院工作　王申摄

● 在广州从化,工作人员在马房内照料马匹　王申摄

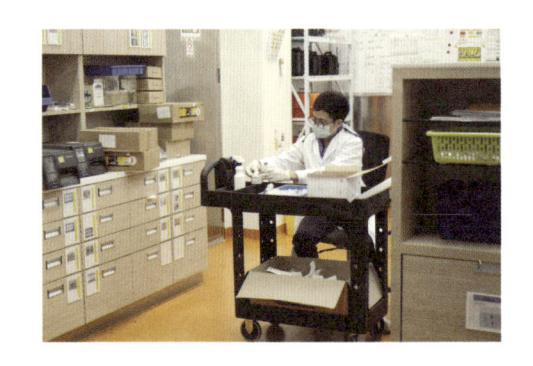

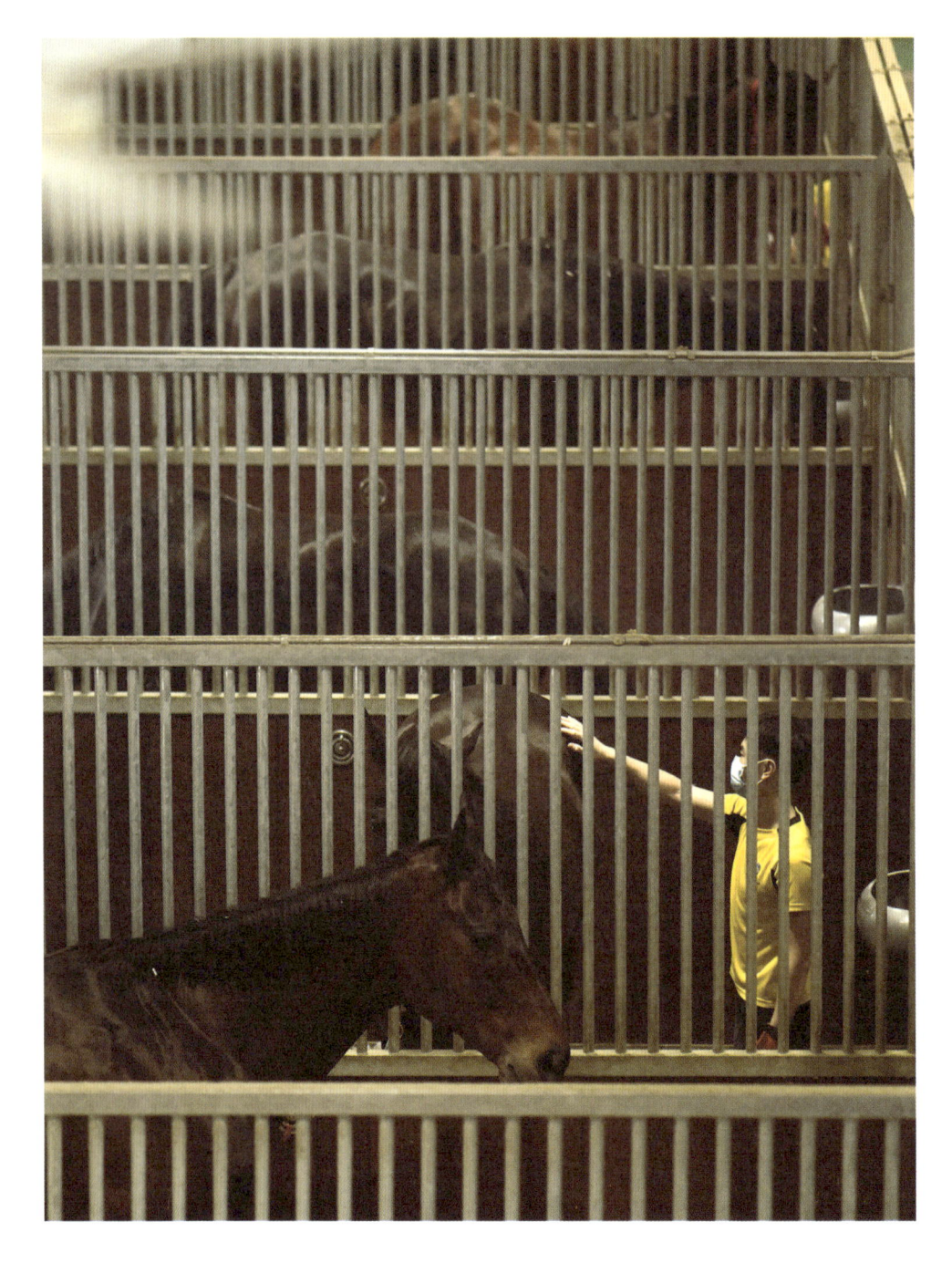

跨境探访香港赛驹从化"新家园"
视频记者：陈其蔓
摄像：周锦铭　梁嘉骏
剪辑：陈其蔓

赛驹首次在内地参与速度马术比赛，1,700多名观众现场观看了比赛。香港特别行政区行政长官林郑月娥在开幕致辞中表示，从化无规定马属动物疫病区与马场的落成和持续运行，是香港特区与内地发挥各自优势和共同努力所取得的丰硕成果，是粤港澳大湾区建设的一个成功例子。

在香港赛马会工作了40年的郑奇龙对记者说，有了从化马场，他们就可以将一部分马匹运送到从化来训练。同时，有着40年历史的沙田马场也可以开展大规模的重建计划，更新升级陈旧的设备。"从化马场解决了香港赛马产业土地不足的问题，为赛马产业的发展提供了更多的机会。"郑奇龙说。

记者即将离开马场时，正巧赶上四辆白色的运马车抵达从化马场，车身上印有"香港赛马会"的标志。洗车消毒、马匹下车过关、体温检测……经过十来分钟例行过关程序，30匹来自香港沙田马场的赛驹由马夫牵着走出海关，它们将在这个开阔的"新家园"里开始一段新生活。

手记

走进从化马场那一刻，心中还真有点儿小激动。这是我第一次走进马场，与赛马近距离接触。以往看赛马时都是在观众区域，只能远望。看到辽阔草场上骏马在驰骋，心情真的很舒爽。

印象深刻的是，人称"龙哥"的香港赛马会两地马房营运及马主服务部主管郑奇龙先生说，香港赛驹每隔一段时间就会被安排到从化马场训练、放松，回到香港参加比赛成绩都会有不同程度的提升。由此想到，在紧张训练而空间逼仄之后的放空和休养生息，能让赛马重新获得奔腾的动能，这个道理其实对人也是一样的。渴望辽阔，是生命中最殷切的向往——超越现实的琐碎和繁杂，进入物我两忘的境界。（闵捷）

2 历史天空

故事 12

寻访蔡元培在香港的足迹

闵捷　丁梓懿

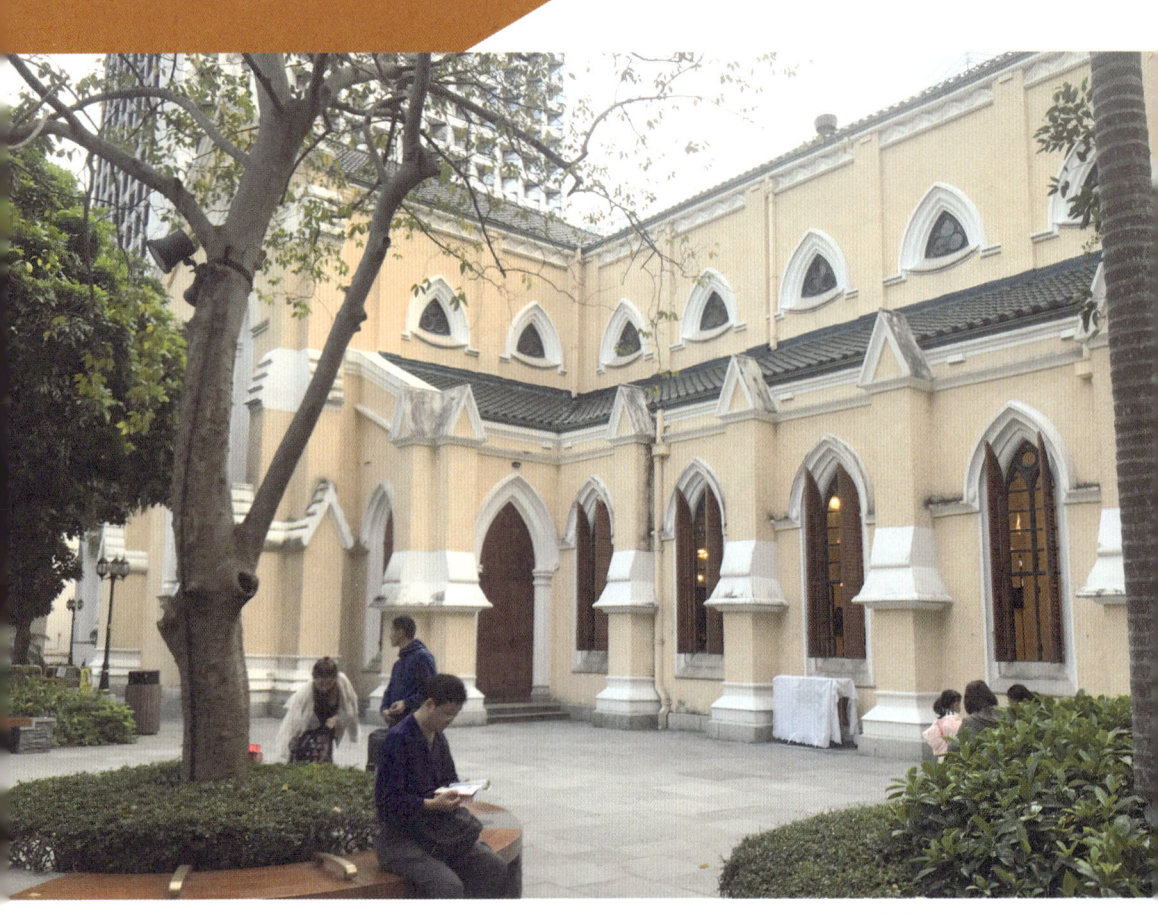

香港圣约翰座堂　闵捷摄

● 香港尖沙咀柯士甸道 156 号（红色建筑），蔡元培先生曾在此址居住过　闵捷摄

香港尖沙咀柯士甸道 156 号，一座闹中取静的居民楼。旁边是一所历史悠久的教会学校——嘉诺撒圣玛利书院。居民楼门口年迈的保安、书院里的老教师、楼下小商店年轻的女店主，都不知道 80 年前，这里曾住着在中国近代史上叱咤风云的教育家蔡元培。

2018 年是被誉为"北大之父"的著名教育家蔡元培诞辰 150 周年，也是北京大学建校 120 周年。为了追寻这位在 20 世纪初曾领导中国文化教育转型的"学界泰斗"在香港度过的最后时光，记者近日寻访了蔡元培在香港的足迹。

柯士甸道：以"周子余"之名深居简出

前不久，由北京大学香港校友会联合北京大学蔡元培研究会、香港北大助学基金会在香港饶宗颐文化馆举办"蔡元培与北京大学"主题展览，展出了蔡元培手迹、珍贵历史图片及 1916 年他被任命为北大校长的委任状等。蔡元培之子蔡英多、孙女蔡磊砢（现任北大蔡元培研究会会长）到港出席。

据 88 岁的蔡英多回忆，父亲蔡元培是 1937 年 11 月 27 日离开上海，29 日抵达香港，在港岛皇后大道中的顺斯酒店住了几天，然后又由商务印书馆安排在跑马地摩利臣山道的崇正会馆住了一阵。当年 12 月 29 日，母亲周峻带着三个孩子来到香港，一家人于转年 1 月底在九龙柯士甸道 156 号住了下来。

记者在柯士甸道 156 号看到，当年的三层小楼已变成 11 层高的花园大

历史天空　061

● "蔡元培与北京大学"主题展览在香港举行　闵捷摄

厦，仅隔着一栋楼的嘉诺撒圣玛利书院的读书声声声入耳。据蔡英多回忆，当年姐姐蔡睟盎在这所学校就读，他和哥哥蔡怀新幼时也在此短暂学习过。

蔡元培晚年在港深居简出，化名"周子余"在家养病。期间，依然保持着写日记的习惯，并开始自撰年谱。他还从商务印书馆借来《陆放翁全集》和《王阳明全集》，爱不释手。蔡英多回忆说，记得那时父亲常读美国记者埃德加·斯诺写的《西行漫记》，当时七八岁的蔡英多对书中的图片至今仍有印象。

虽然蔡元培在港非常低调，但前来拜访的人还是不少。饶宗颐文化馆名誉馆长、五四新文化运动研究专家陈万

● 北京大学蔡元培研究会会长、蔡元培孙女蔡磊砢在展览开幕典礼上致辞　闵捷摄

雄告诉记者，访客中包括北大教授、学生、校友等，南下文人也很多。而据香港浸会大学历史系荣休教授、蔡元培研究专家周佳荣统计，在蔡元培留港的两年多时间里，曾有 300 多人前来拜访过他。

圣约翰大礼堂：最后一次公开演讲

香港中环花园道，日暮时分的圣约翰座堂，少年唱诗班正在排练。80 年前，蔡元培在这里发表了他人生中最后一次公开演讲。

1938 年 5 月 20 日，蔡元培应宋庆龄之邀出席由"保卫中国同盟"及"香港国防医药筹赈会"在圣约翰大礼堂举行的美术展，并发表了振奋人心的演讲。这也是他留居香港期间唯一一次公开演讲，他提到，"美术乃抗战时期之必需品"，并认为"抗战时期所最需要的，是人人有宁静的头脑，又有强毅的意志"。

"当时正值抗战时期，蔡先生发表抗战与美术之关系的演说。他依旧提倡美育，期望美育发挥其重要的社会作用，这是他眼光长远之所在。"周佳荣说。在港期间，古稀之年的蔡元培尽管身体日渐衰弱，又患足疾多年，但仍心系民族存亡，为抗战奔波操劳。他还为国际反侵略运动大会中国分会作会歌一首，被称为"白头人唱满江红"。歌词中写道："公理昭彰，战胜强权在今日，慨不问领土大小……我中华，泱泱国，爱和平，御强敌。"

1940 年 3 月 3 日，年迈的蔡元培在寓所失足跌倒，4 日入养和医院治疗，3 月 5 日溘然长逝，享年 72 岁。

香港仔华人永远坟场：香江有幸埋忠骨

香港仔华人永远坟场，三面环山、

● 2018年12月，蔡元培之子蔡英多、孙女蔡磊砢及多位北大校友和香港文化界人士在蔡元培墓前祭拜后合影 受访者提供

一面临海的墓园覆盖着半山坡。一块墨绿色的大理石墓碑格外醒目，上书"蔡子民先生之墓"，并刻写着他的生平。

1940年3月10日，商务印书馆主持为蔡元培先生举殡。当日，全港学校和商店下半旗志哀，他的灵柩由礼顿道经加路连山道，再经波斯富街、轩尼诗道、皇后大道、薄扶林道入南华体育场公祭，市民在沿途列队目送。

"公祭时，参加者万余人，那真是荣哀。"香港著名学者、作家小思在她的《香港文学散步》一书中写道。

周佳荣教授告诉记者，20世纪40

年代香港人口只有50万，万人公祭足见有何等隆重。参加公祭活动的有学校师生、政商界和文化界人士及市民等。

香江有幸埋忠骨。蔡元培的遗体曾暂厝东华义庄，后葬于香港仔华人永远坟场。

1978年，北京大学同学会为老校长重修了墓碑。每年都有来自各地的北大校友、乡亲以及仰慕蔡元培的海内外人士前来悼念。

2018年12月，也就是蔡元培诞辰150周年之际，蔡元培之子蔡英多、孙女蔡磊砢及众多北大校友来到蔡元培墓前，共同缅怀他们的先辈和"永远的校长"。当天下午3时，祭奠活动刚开始，天空中持续已久的阴霾忽然散开，出现一线阳光。

"祖父旧学深邃，新学广博。今天我们追思祖父的功业，缅怀先生的精神，意在发扬光大祖父的志业，为中华民族的繁荣富强而努力。"蔡磊砢如是说。

手 记

蔡元培先生最后的日子是在香港度过的，那是这位伟大的教育家离开了他熟悉的校园，离开了北京、上海众多亲朋故旧的一段深居简出的生活。他在香港住过哪些地方、见过些什么人、做过哪些事，甚至读些什么书，都是我一直想知道的。

当我们走在蔡元培先生曾经留下足迹的这些建筑、街道、教堂时，依然能从历史的遗迹中感受到他强大的精神力量。正如美国教育家杜威所说："拿世界各国的大学校长来比较，在某些学科上有卓越贡献的不乏其人；但是，以一个校长的身份，而能领导那所大学对一个民族、一个时代，起到转折作用的，除蔡元培而外，恐怕找不出第二个。"（闵捷）

故事 13

张爱玲与香港的"半生缘"

周雪婷

●2018年香港书展文艺廊展示的张爱玲文艺作品　闪捷摄

在香港，谈到爱情小说，有一个绕不过的名字，那就是张爱玲。近百年来，张爱玲的爱情小说不仅留下了悱恻动人的爱情故事、形象鲜明的人物，也从另一个侧面记录着20世纪40年代在日军炮火下动荡的香港。

2018年香港书展以"问世间情为何物"为主题，展现了香港各个时期爱情小说的代表作品。其中，在香港留下不少佳作的张爱玲被作为重点作家介绍。

张爱玲遗产管理人宋以朗的讲座、书展文艺廊中展示的张爱玲手稿、张爱玲经典的爱情语录、书展中售卖的张爱玲遗稿作品《爱憎表》……张爱玲文艺的气息，在香港依然鲜活。

2018年香港书展开幕当天，淅淅沥沥的雨将人们的思绪拉回到20世纪的香港。

1939年，张爱玲到香港大学文学院求学，她的文学之路就此开启。张爱玲参加杂志社的征文比赛，凭《天才梦》拿奖，脍炙人口的"生命是一袭华美的袍，爬满了蚤子"便出自此文。

优异的成绩和良好的住所，并不能消解张爱玲内心的孤独。她曾在作品中描述过这样的场景：战时，一个炸弹在她住处的街对面爆炸，她死里逃生。她想到"差点炸死了，却没人可告诉，若有所失"。

1941年12月，日军占领香港。1942年，张爱玲不得不中断学业，回到上海。

从香港返沪后的两年是张爱玲创作的高峰，在香港生活带给她的冲击与启发，为她之后的创作积累了重要的素材和资源。《沉香屑·第一炉香》《沉香屑·第二炉香》《茉莉香片》《倾城之恋》……她两年间发表的八篇小说，竟有一半关于香港。而《倾城之恋》更成为她短篇小说的代表作。

"倾城"是指日军侵占中的香港，小说写的是白流苏和范柳原这一对男女，经过试探、暧昧、分别，最后在战乱中交付彼此真心的故事。

白流苏和范柳原首次邂逅在香港浅水湾酒店的露台。如今，虽然香港浅

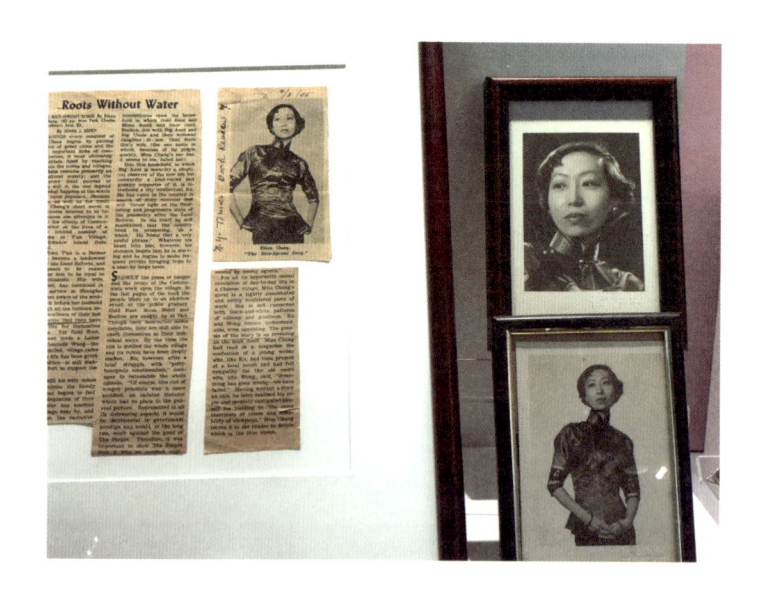

● 书展上展示的张爱玲当年在香港北角兰心照相馆的留影及剪报资料　闵捷摄

水湾酒店已改建,但露台原址仍保留并改建为露台餐厅。此外,香港浅水湾还设置了三组座椅介绍张爱玲三次来港的经历。首组以地上的子弹和茶几上的旧照片表达战乱的时代背景和她的求学时期;次组以椅上的书籍和笔表达她第二次来港在香港创作的全盛期;末组以椅边的行李和扶手上的外套表示她告别香港。

1952年,32岁的张爱玲再次来港。彼时彼刻,她已经由一个女学生成为一位享有盛名的女作家。那张身着旗袍、在香港拍下的照片成为张爱玲流传最广的一张照片。

再来香港时,张爱玲住在哪里?生活如何?她当年在香港生活时结交的朋友——宋淇夫妇的儿子宋以朗,在书展"破解张爱玲的三个秘密"的讲座中介绍了张爱玲的这段经历。

宋以朗说,张爱玲当年住在英皇道附近。据他父亲回忆,张爱玲在香港的房间陈设异常简陋,以致她只能拘束地在床侧的小茶几上写稿,说她家徒四壁并非言过其实。

很多"张迷"都想知道张爱玲究竟住在哪里。有一种说法认为,宋淇妻子曾写有一张签文批注"雨中搬去辉浓台",因此推断张爱玲住在继园街旁边的辉浓台。宋以朗在讲座中表示,这是一个美丽的误会,签文批注的搬家行动其实是指宋家。

英皇道曾经有过张爱玲的影子，而她究竟身在何处，却成了一个永久的谜。在此后的漫长岁月里，她仅仅在1961年短暂回到过香港。34年之后，张爱玲在美国洛杉矶去世，在遗嘱里她嘱咐道，把骨灰撒到最孤独之处。

年少时意气风发的女学生、青年时才华横溢的女作家、中年时境遇困窘的女人——张爱玲三次来港，香港也留存了她对城市繁华、人世疏离的想象，给予了她最初的创作灵感。

手 记

写张爱玲和香港，可以说是我做记者的一个小小愿望。2018年香港书展以"爱情"为主题，自然也就少不了张爱玲。借着这个机会，我也将了将香港与张爱玲的半生缘。我从高中时期就开始看张爱玲，10年里，她陪伴我，也鼓励我。而生活在香港，张爱玲的一些语句总是会闪现在我的脑海里，让我感觉到文学与现实交汇的快乐。

曾经住在地铁线旁，睡觉前会听见地铁呼啸而过，会想起她写：那痛苦像火车一样日夜开着，没有一点空隙，一醒来她就在枕边，是只手表，走了一夜。走到浅水湾酒店的露台，似乎还能感受到她在《倾城之恋》所写，这断壁残垣，总让我想起天长地久一类的话。

春天时，看到街边盛开的白色梨花，会想起她在《爱》里写一对男女在梨花树下相见的故事。她说：在时间无涯的荒野里，没有早一步，也没有晚一步，原来你也在这里。许多个这样的瞬间，我都会感慨道，原来这些读过的书从未远离，而是一直在你的生命里，以不同的方式陪伴着你的成长。（周雪婷）

故事 14

香港抗战老兵：
追忆山河岁月

闵捷　洪雪华

● 在纪念东江纵队港九独立大队的烈士碑园，
20米高的"抗日英烈纪念碑"巍然耸立　李钢摄

香港西贡斩竹湾，纪念东江纵队港九独立大队的烈士碑园坐落在面朝大海的山岗上，20米高的纪念碑上镌刻着"抗日英烈纪念碑"七个大字。清明节前夕，记者随原东江纵队港九独立大队老游击战士联谊会会长林珍等老战士及其后人来到这里，祭奠抗战期间牺牲的英烈们。

从西贡赛马会大会堂后院到沙头角罗家大屋，在寻访香港抗战老兵们的过程中，记者仿佛重新置身于当年的历史情境中：在日军侵占的三年零八个月里，港九独立大队的战士们参与营救南下文人和美国飞行员克尔等，为抗战出生入死。

从"黑色圣诞"开始的三年零八个月

西贡赛马会大会堂后院，10余平方米的房间里，挂满了红色锦旗，这是东江纵队港九独立大队老战士们的"荣誉簿"。1998年成立的原东江纵队港九独立大队老游击战士联谊会便设于此处。

84岁的林珍精神矍铄，思路清晰，她回忆起当年的"黑色圣诞"。

1941年12月初，香港充满了节日气氛，百货公司的橱窗里放上了"圣诞老人"。8日清晨，港岛东北角突然传来了飞机呼啸声，伴随着空袭警报声。"我和母亲正在去教堂的路上，飞机从头上飞过，我们知道战争已经开始了。"

日军进攻香港次日，广东人民抗日游击队（东江纵队前身）立即派遣精干武装进入香港抗日。五天内，日军占领了整个新界和九龙半岛。25日下午6时，香港总督府挂起白旗，短短18天，香港宣告沦陷，开始了三年零八个月的"黑暗岁月"。1942年2月，广东人民抗日游击队正式成立港九独立大队，包括沙头角、西贡、大屿山、港岛等中队及海上中队和国际情报组，成为香港的抗日力量。

"我参加抗战队伍是受姐姐影响。"林珍说。1937年抗战爆发以后，粤港地区相继沦陷于日本侵略者之手。为抗击日寇，两地社会各界人士纷纷组织起来，通过游击战等方式进行斗争，林珍的姐姐林展就是其中一名游击队员。

1943年12月，八岁的林珍成为港

● 老战士在沙头角罗家大屋接受采访，回忆抗战往事　李钢摄

九独立大队的"小鬼"通讯员，利用年纪小不易被注意的优势，在游击队之间传送情报。"情报写在很细小的纸条中，卷起来跟火柴棒差不多大。送信途中会爬山，经过小溪和沙滩。幸运的是，没有遇到日军。"彼时队伍中不乏这般年纪的小战士。老兵罗竞辉13岁参加抗日，加入港九独立大队海上中队，他们自称"土海军"。"我们当时是用小船，专门在海上偷袭日军的物资补给船。"后来罗竞辉成了连长通讯员，直至1945年8月抗战胜利。

营救"南下文人"和美国飞行员克尔

又是一年木棉花开的时节，记者来到西贡斩竹湾烈士碑园。抗日英烈纪念碑碑座上有这样一段碑文："三年零八月之艰辛岁月中，游击战士活跃在崇山峻岭、海港河湾，出没于田畴村舍、郊野丛林，与人民群众血肉相连，如鱼得水，肃匪锄奸，克敌制胜，营救文化精英，支持盟军作战……"

1940年，大批文化界人士从重庆、桂林、上海等地转移到香港后，积极开展抗日活动。香港沦陷后，广东人民抗日游击队紧急配合香港地下党组织营救文化界人士。"日军占领西贡后没有留下驻兵，游击队总队命令我父亲黄冠芳带领武工队挺进西贡，同时做好营救文化人士的准备。"黄冠芳的女儿黄瑾瑜说，游击队总队于大亚湾吉澳岛成立武工队，黄冠芳担任队长。

此后，黄冠芳带领武工队在西贡开展剿匪行动，迅速深入九龙城东北一带，初步建立起九龙—西贡—企岭下的交通线。"建立交通线后，父亲潜入九龙城开了一间搬运行，以做生意的名义，进行营救文化界人士的准备工作。"黄瑾瑜说，至1942年春节前后，已有大批文化界人士、爱国人士撤离香港。

著名作家茅盾也在营救名单中。据茅盾晚年撰写的回忆录记载，他们一行人翻过大帽山离开香港。"我们终于登上了梅林坳，俯视山下，在茂盛的树木中，隐约可见几点灯火。"那就是白石龙——游击队总部所在地，终于安全了！有上千文化人，在香港地下工作者的安排和东江游击队的保护下，逃离香港抵达内地，这是一次伟大的营救行动。

● 93岁的老战士黄清在家中接受记者采访　李钢摄

● 在沙头角罗家大屋，94岁的老兵徐墀回忆抗战胜利的情景　李钢摄

在营救盟军方面，港九独立大队也扮演了重要角色。1944年2月11日，美军第十四航空队飞行员克尔中尉在轰炸启德机场时，被日军击中，跳伞降落观音山。"父亲在送信返回途中遇见了克尔，将他带到一处山洞，就跑回去报信了。"李石的儿子李瑞零对记者说。《克尔日记》中多次提到李石："他头戴一顶刚从衣柜拿出来的帽子，脸上是坚毅、警觉的神情。"李石带着克尔一路小跑，转移到地势相对隐蔽的山洞藏身。日军派出1,000多人封山搜捕，为了转移日军注意力，黄冠芳、刘黑仔等人袭击了日军在启德机场的仓库。最终在游击队的掩护下，克尔中尉安全离港。

筹建抗战纪念馆铭记历史

寻访抗战老兵的最后一站，记者来到了沙头角罗家大屋。数十载岁月沧桑，老屋外墙已斑斑驳驳，院子里一簇簇的三角梅开得正盛。"罗家大屋是游击队进入香港后的落脚点，也曾是港九独立大队的活动基地和交通站，见证了香港的抗战历程。"林珍介绍。2018年2月，为了纪念东江纵队港九独立大队和香港居民在抗日战争中的贡献，香港多个民间团体决定在沙头角罗家大屋设立抗战纪念馆。94岁的老兵徐墀在这里回忆起1945年8月抗战胜利的情

寻访香港抗战老兵
视频记者：林宁
摄像：仇博　林宁
剪辑：林宁
配音：李林欣

景："我们从收音机里听到消息后，奔走相告，欢呼高歌。"完成抗战使命的东江纵队随之北撤，老兵黄清也在其中。"我原本计划去山东，但因病留在香港，后来在西贡当警察，从此再也没有离开过。"

目前，港九独立大队健在的抗战老兵超过 100 人，分别居住在香港、广州、深圳、惠州、佛山和北京等地。最多时达千人的东江纵队港九独立大队，如今在香港原东江纵队港九独立大队老游击战士联谊会的老兵仅剩下 47 位。

从 1985 年起，老战士和他们的后人开始整理香港抗战历史。1998 年，香港特区政府将东江纵队港九独立大队 115 名烈士名单放进香港大会堂，供市民瞻仰。而昔日的抗战英魂也长眠于西湾和赤柱等地。

香港历史学者邱逸用了两年时间写下《战斗在香港》，书中讲述了八名港九独立大队普通战士的人生轨迹。导演刘深通过寻访 50 多位抗战老兵，拍摄了纪录片《香港大沦陷》，纪念老战士们的英雄事迹。"在年轻人记忆中，这段历史几乎是空白的，我们应该鼓励他们走出课堂，了解和感受这段历史。"邱逸说。

手 记

偶然看到朋友发的香港抗战老兵聚会的图片，引发了我们以"寻访"的方式亲历历史的旅程。在西贡、在沙头角、在老兵们的家里，我们循着一条看得见的足迹触摸着一段看不见的历史。一个个曾经为保卫香港而浴血奋战的英灵，震撼着我们的内心。在那个春日的黄昏，我们默默站在"抗日英烈纪念碑"前向逝去的英烈们致敬时，我仿佛听见，晚风中山海相拥低回起伏的呼应，碑园内摇曳的"英雄树"沙沙作响——向英勇的抗战老兵们致敬！（闵捷）

故事 15

香港书展：三十而立

闵捷　丁梓懿

市民走过第三十届香港书展广告牌　王申摄

● 香港著名出版人陈万雄在香港接受专访 王申摄

书幡林立、摊位密集，讲座场场爆满、人流八方云集。每年7月的香港书展，像盛夏里一场繁盛的文化嘉年华，过百万的客流已屡见不鲜，如今已到第三十届的"而立之年"。年届七旬的香港著名出版人陈万雄，曾任香港联合出版集团总裁。他自20世纪80年代踏入香港出版界以来，历经香港书展自1990年第一届至今30年风云激荡，细说从头如数家珍。

见证香港出版业"黄金时代"

2019年7月中旬的香港会展中心，由香港贸发局主办的第三十届香港书展正在这里举行。来自39个国家和地区的686家参展商在为期一周的时间里为观众奉上一席丰盛的文化大餐。

经历香港书展30年发展进程的陈万雄，谈话中数次提到"80年代"。1980年，在日本广岛大学修读完博士课程的陈万雄回到香港，入职香港商务印书馆。初入出版界时期的两件事令他印象深刻：一件是1984年在香港大会堂举办的上海书展，由上海出版工作者协会和三联书店香港分店主办的这次全国中文书展，轰动全港，展览的成功刺激了香港从事出版、发行、零售的业内人士，他们纷纷思考：香港能否举办这样的大型书展？第二件事是1983年他第一次去法兰克福参加全球最大的书展，这个被誉为"世界文化风向标"的大型书展，不仅让香港出版人大开眼界，也令他感受到巨大的冲击，他希望香港出版业也能够蓬勃发展，打进国际市场。

可喜的是，当时香港经济发展迅速，海外留学人才不断回流，再加上印刷技术的飞跃，促成香港的出版业和经营走入现代化之路。80年代初至90年代初成为香港出版业的"光辉岁月"。

与此同时，香港书展也渐成气候。80年代时，香港出版业界趁暑假在香港大会堂举办书展。后来，香港的出版团体联合贸易发展局等机构又举办了几届。到了1990年，香港贸发局正式接手，在会展中心举办了第一届香港书展，当时有149家参展商，吸引20万人次参观。三四年后，书展逐渐成型，成为全城每年的文化盛事。

陈万雄回忆说，最初的10年，很

市民在第三十届香港书展上选购图书　王申摄

多日本、欧美的图书馆界都来香港书展订购图书。正是在这个时期，世界影像印刷技术飞跃发展，全世界出版了很多印刷精美的画册图录。陈万雄策划了多套大型出版项目，如"故宫全集""中国地域文化大系"《敦煌石窟全集》等，向国外输出了许多关于中国历史文化艺术的书籍。陈万雄认为，从80年代开始的30年，是传统出版的"黄金时代"。"最近的10年是世界出版业的革命年代，在多媒体、网络、电子阅读等冲击下，我觉得是一个过渡期。传统的图书出版和传统书店的经营受到很大冲击，在摸索一个新的形态。"

找对书展定位——大众化的文化嘉年华

2019年书展的年度主题是"科幻及推理文学"。在香港会展中心一层展厅内，来自内地（大陆）、香港、台湾及外国科幻作家的作品都被重点推介，吸引不少人驻足观看和购买。

每年的香港书展都有一个年度主题或年度作家，2016年是武侠文学，2018年是爱情文学。主办方在多方摸索之后，终于找到了"大众化""打普及牌""搭建阅读平台"这样的独特定位，并逐渐得到香港市民的热烈响应。从当年的仅售卖书籍到现在每年举办数百场文化活动，30年来香港书展已成为每年夏天例行的大众化的文化嘉年华。

"我觉得这条路走对了，尤其是书展期间举办一两百场讲座，全世界罕见。"他说，如今的书展还吸引了许多内地游客买书，更提供海量的英文书籍。陈万雄说，香港的展览管理能力非常强，几百个参展商、参观人数上百万，都能保证有条不紊。另外，香港书展也非常善于利用民间力量，将书展打造成全民性的文化活动。

未来：在理念和深度上仍有提升空间

香港书展已连续举行了30年，历经风风雨雨，即使在2003年"非典"疫情后都不曾停办。参观书展的人数也从1990年的20万发展到2004年的50万，并逐年上升，2014年开始已达到100万人次，深受公众喜爱和欢迎。香港书展无疑是一个成功的案例。"虽

香港书展：三十而立
视频记者：林宁　仇博
摄像：周锦铭　楚雄
剪辑：楚雄
配音：林宁

● 市民在第二十七届香港书展上观看兵马俑展　王申摄

然每年的主题会变，参与的项目有增减，但都是形式上的小变化，没有大变化。"在具有全球视野的资深出版人陈万雄看来，香港书展在理念和深度的提升上依然有很大空间。

陈万雄说，香港书展不应该单纯追求客流量，香港作为一个国际城市，应当善于利用优势，比如去邀请不同领域的世界顶尖作家，来香港办讲座，展示最新作品和思想，启发香港市民大众参与，从而提升整个香港的文化水准。

香港作为"一带一路"的重要节点，应该走出自己的路。陈万雄认为，香港的报纸杂志数量丰富，品种多元。香港也为各式各样的文化提供生存环境，如武侠小说、武侠电影在香港的兴起等。见证香港文化变迁的香港书展，在而立之年愈发成熟、稳健。回望书展30年的足迹，作为香港书展顾问团队一员的陈万雄坦言，香港书展不应该停留在简单的形式变化上，而应有更强的理念和深度，进一步开拓阅读视野，提升文化品位。

手 记

香港书展是亚洲最大的，也是最受关注的书展之一，每年7月都成为香港的全城盛事。2019年是我第六次参加香港书展，从2009年第一次观展就觉得很惊艳，也一直在琢磨香港书展长盛不衰的原因。如今各地都有书展，为什么还有数以百万计的人远道而来专程参加香港书展？带着这些疑问，采访了香港著名出版人陈万雄先生，他在香港出版界工作40年，见证了30届香港书展，他对出版的热爱与作为知识分子的文化情怀，使他看问题的视野与高度，都令人敬佩与信服。（闵捷）

故事 16

80 岁的工展会

洪雪华　闵捷

●香港市民相约入场参观第五十三届工展会　吴晓初摄

● 著名歌手邓丽君出席 1967 年第二十五届工展会　香港中华厂商联合会提供

创办 80 载以来，香港国际工业出品展销会（以下简称"工展会"）已成为香港市民的生活符号，也是他们辞旧迎新的纪念仪式。

港人的集体记忆

"工展会是香港最大型的户外展览会，包罗了各类香港产品，很多香港市民都会去，我曾在工展会上听过著名歌星邓丽君唱歌。"68 岁的香港市民王春林七八岁就随同父母逛工展会，至今回忆起来仍不掩兴奋。"以前的工展会规模比较小，摊位比较少，但每年我们都能买到一些新产品。"每年的工展会上，都不乏和王春林一样的香港市民，他们身背背包，带着小推车，成为展区里的"购物达人"。

"自参加第四十届工展会起，南北行已成为工展会的常驻参展商，工展会之际，我们推出了很多新产品，增强了品牌知名度。"南北行业务经理林飞跃介绍，香港开埠后，部分内地南方货物会经香港运到北方，从事这种业务的商行被称为南北行。20 世纪 50 年代，南北行开始经营参茸海味，在香港参茸药

业界享有盛名。"我第一次参观的工展会是在红磡举办的，当时展出很多纺织机器，主要以宣传工厂技术和机械为主，推广香港的工业产品。"香港中华厂商联合会副会长徐晋辉回忆道。

"印象最深的是'工展小姐选举'活动，很多香港市民都会入场观看。"徐晋辉介绍，为了让大众关注女性在工业界所担当的角色、吸引女性投身工业，1952 年第十届工展会首度举办"工展小姐选举"，开创了香港选美比赛的先河，也成为工展会的标志性盛事。

"近年来，除了香港市民，很多内地居民和旅行团也会专门到工展会购物。"徐晋辉表示，随着广深港高铁和港珠澳大桥的开通，未来工展会将会吸引更多内地游客。

80 载兴衰见证历史

"工展会曾多次停办又复办，虽有 80 年的历史，但实际上只举办了 53 届。"徐晋辉说。20 世纪 30 年代，内地征收重税，港商转而开拓南洋市场，并于 1935 年参与在新加坡举行的"第

● 香港市民入场参观第五十二届工展会 吴晓初摄

● 第五十三届工展会上，祖孙二人兴致勃勃 吴晓初摄

一届中国国货展览会"，自此港货在南洋备受欢迎。

成功开拓海外市场后，为了加强香港市民对本地工业产品的认识，香港中华厂商联合会与香港基督教女青年会于1938年在中环合办工展会，40家参展商共设86个摊位，展出超过200种产品。次年，香港中华厂商联合会开始独自主办工展会。然而，二战期间日军侵略香港，工展会于1941年被迫停办。直至1948年，工展会才复办。

1967年，工展会选址于红磡新填海区，首次设立"国际机器原料陈列馆"，展出英国、美国、加拿大、意大利、日本等国家的最新原料及工业机械，从此名声大噪。1974年，因缺乏合适的展览场地，工展会再次停办。在此之前，香港中华厂商联合会于1938年至1974年间，共举办31届工展会。1994年，第三十二届工展会重现于香港会议展览中心，短短四天展期吸引了20万人次入场。

2003年，工展会转移至铜锣湾维多利亚公园，场地沿用至今。"维多利亚公园无疑是大型户外展览的理想场地。"徐晋辉说。

与时俱进的"岁末嘉年华"

工展会上至今仍能看到不少香港老字号的身影。在展会现场，一个摆放巨型甜醋罐模型的摊位吸引了不少香港市民，这是香港百年老字号同珍的摊位。同珍以生产酱油和甜醋为主，至今已参展10余年。

"历届工展会，我们都会做出适

当的调整和创新,以增加品牌的吸引力。"香港百年中医药老字号位元堂高级销售经理张煜俊介绍,位元堂新设血管健康测试站,为入场市民测试血管硬度及评估心脑血管风险。

"基本上所有的香港老字号都会参展,很多本土新品牌也会在工展会亮相。"徐晋辉表示,工展会已成为众多香港本土品牌的宣传平台。

80载春秋,时代风云变幻,工展会在不断创新。"通过在线线下相结合,市民们可以网上购物,然后来工展会取货。"工展会与香港网上购物平台HKTV Mall合作,改变市民的购物方式。

"为了更好促进香港制造业的持续增长,工展会除了全面展示香港产品,还包括香港企业于海内外制造或持有的各种产品及品牌。"在徐晋辉看来,工展会的产品早已不再局限于香港。

市民们数十载的支持,也让工展会一直致力于履行社会责任。香港中华厂商联合会与东华三院合作,于展会期间邀请80位80岁的长者与工展会共同庆生。地中海贫血儿童基金、香港特区政府保安局禁毒处、惩教署、香港单亲协会等机构通过义卖的方式,也在工展会中有了"一席之地"。

手 记

工展会是我来香港之后见过的最大型户外展览会,热闹程度堪比"庙会"。百年老字号云集,折扣商品琳琅满目,拉着购物车的香港市民敏捷地穿梭于不同展位,这场"购物嘉年华"展示着香港展会经济的繁荣。1938年至2018年,历尽沧桑80年,这场"港版庙会"已烙印在港人的集体记忆之中。当年在工展会上见到邓丽君的老人,依然念叨着那个久远的传说。(洪雪华)

历史天空

故事 17

东华三院的百年守望

周雪婷

● 现在东华医院的门口　东华三院提供

● 东华三院的会议厅里挂满了各界人士赠送的牌匾　东华三院提供

香港上环，有一家古朴的医院，已为香港普通市民服务百年，但她却并不普通。在港英统治年代，这间医院资助当地穷苦华人求医，筹集善款襄助赈灾，帮助客死他乡的华人魂归故里。今天，这家医院仍在香港推广中医、资助基层家庭学生学习……

"急公好义""博施济泉""共怀康济"……清末至今的近百块褒励牌匾挂满了医院的会议大堂，荣耀记录了她的历史角色。这家医院名叫"东华三院"。

胞与为怀　服务华社的百年荣耀

清政府割让香港岛之后，港英政府对华人吝于投放医疗资源。而在1842年后的20年间，香港人口增至90万，当时仅有的两家医院都是西医，价格昂贵且与华人难以沟通。来港的底层华人劳工也不信任西医，如何看病求医成为当时华工的生活难题。

1851年，谭才等14位绅商集资在上环太平山上建立一间义祠，安奉客死他乡而无亲无故者的牌位，并收治穷苦华人，称为广福义祠，又称百姓庙。港英政府一个官员无意间来到百姓庙，被恶劣的卫生环境所震惊，生怕引发疫病的港英政府遂向华人集资捐建中医医院。东华医院作为香港第一间中医院就此诞生。

1885年，暴雨袭击珠江流域，洪水泛滥，单是广东和广西就各有超过20万的灾民。东华医院闻讯后组织港商和民众捐资助赈，还致电上海和旧金山等多地华商请求帮助，一共筹得洋银4.6万元。得知这一义举后，光绪皇帝赐给东华医院一块"万物咸利"的匾额。

东华医院创院之始，宗旨就是为香港华人提供免费的中医中药服务。在港英统治年代，东华医院帮助劳苦民众度

历史天空　085

过鼠疫、天花和肺炎等诸多重大疫情。1911年和1929年，广华医院和东华东院也分别建成。三家接收华人病人的医院于1930年纳入一个体系，称为"东华三院"。目前，东华三院所辖的医院已有五家，此外还有学校、安老、历史文化教育机构等计约300家。

东华三院还发起各类募捐活动。凭借其良好声誉，这些活动得到各界的热切响应，很多甚至成为港人生活的一部分。其中规模最大的当属一年一度的"欢乐满东华筹款晚会"。筹得的善款数额，已经从1979年首次活动的26万港元，增加到2017年的1.18888亿港元，善款数额连续三年突破亿元。

一信一魂　助万千亡灵归家

在东华三院的档案馆，当记者看到一沓沓厚厚的信件时，感受到了那段历史背后的悲凉。这些信件是19世纪后半期在世界各地谋生的华人劳工生前或死后由同乡寄给东华三院的。它们不是温情的家书，而是一份份沉重的嘱托。"这是东华三院最珍贵的'历史的见证'。"东华三院档案及历史文化总主任史秀英介绍，19世纪后半期，人祸天灾不断，大量华人出洋谋生做苦力，客死异乡者难以计数。"回家，可能就是这些客死他乡的人，在生前唯一的愿望。"她说。然而，当年华人在侨居地不但在生活上受到歧视，就连离世后安葬在公共坟场都不被获准。

20世纪初，东华三院在香港的慈善事业已小有成就。海外华人组织联系到东华三院，希望借助东华三院作为中转站，将去世华人的遗骨运到香港，再由东华三院组织人力让他们"落叶归根"。

从收藏的信件可见，早在1873年，东华医院来往美国旧金山的船只上就有棺木。后来，大批海外会馆给东华三院写信和函件，商讨或安排海外华人回原籍安葬。从东南亚到东北亚，从北美洲至南美洲，成千上万的遗骨通过东华三院重归故土。东华三院的原籍安葬服务至20世纪50年代停止。到1960年，还有近8,000具遗骨停留在东华三院的义庄。后来，东华三院在沙头角沙岭开辟新的东华义庄进行安置。

● 东华三院会议厅　东华三院提供

● 因表彰东华三院救灾，光绪皇帝赐给东华三院的"万物咸利"的牌匾　东华三院提供

东华三院执行总监苏佑安　东华三院提供

传医办学　自觉承担文化使命

作为香港华人社会的重要力量，东华三院自觉承担着传承中华文化的重任。今天的东华三院仍是全香港最有名的中医诊疗之地，所属专业中医及中西医结合医疗机构近20家。香港回归后，东华三院从内地邀请著名中医学家帮助香港市民诊治疑难杂症，还为本地年轻中医师提供培训。

东华三院不仅致力于发扬中医，更以办学的方式让一代代香港市民学习认知中华文化。1879年，文武庙的理事让庙旁的中华书院给东华医院设立义学。1880年，传统私塾模式的文武庙义学正式成立，这是东华的第一间义学，开创了香港平民教育的先河。到今天，东华三院所办的包括幼儿园、中小学、专上教育及特殊教育机构共计30余所，在校生一万余人。

据介绍，1930年出版的《东华

医院经理义学周年概况》封面已印有"勤、俭、忠、信"四字箴言,这一校训已沿用80多年。1949年,东华小学学生手册内有对校训的简单诠释:以勤俭约己,以忠信待人,勉励学生奋进努力、淡泊明志。

东华三院执行总监苏佑安认为,这些精神都与中国儒家思想一脉相承。历年来东华培育了不少优秀学子,他们实践母校的教诲,在人生路上发光发亮。东华三院从一个在庙宇内的小中医诊疗亭,逐渐成长为香港规模最大的慈善机构之一,这一传奇值得书写和纪念的,不仅是其曾经的善行义举,更是香港乃至海外华人社会守望相助、自觉传承中华文化的峥嵘历史。

手 记

进入到东华三院的祠堂,我深深感受到"传承"这两字的分量。推开厚重的木门,里面是排列有序的牌匾,上面写着"万物咸利""慈航"等赞誉,更让人钦佩的是,房间里还挂着每一任东华三院"掌门人"和大额资金捐助者的照片,从清朝至今,一代一代,无一遗漏。

作为全港最大的慈善机构,百年以来,东华三院广筹善款、扶贫济困的传统从未停止。东华三院成立之初,从乡贤募集资金,而百年之后,筹集善款的善举仍在继续,只不过形式有所变化。如今东华三院会通过"卖旗"募集善款。每个周末,几乎都可以看到小朋友在胸前挂着一个盒子邀请路人募捐,当市民投放金钱于钱袋后,义工会将小贴纸贴在捐款者的衣服上。这样简单却暖心的筹款举动,让人感受到爱心传递的力量。(周雪婷)

故事 18

南丰纱厂：
前世对话今生

王旭

●改造中的南丰纱厂　受访者提供　　●改造后的南丰纱厂　受访者提供

● 南丰纱厂女工头像 受访者提供

灰白色的墙面上，一幅巨大的工厂妹头像凝视着远方，似在向这个时代告别。一个专门在废弃建筑物上蚀刻画像的葡萄牙艺术家创造了她。

面前的南丰纱厂，香港 70 年记忆的承载者，也是香港工业黄金时代的象征。假如没有一个"80 后"女子的出现，这些工业时代的巨大厂房，本该与所有记忆一起化为尘土，变成一栋栋高耸的新建住宅楼，正如香港荃湾的众多老旧厂房一样。改变老厂房命运的女孩，叫张添琳。

昔日纺织中心变身创意空间

2013 年，张添琳作为从哈佛回来的南丰集团第三代继承人，来到老厂区，被沉重的大门、斑驳的绿漆墙面、沉重的旧机器唤起了儿时的记忆："我常常回想起以前和外公一起参观这些工厂时的美好回忆。一想到这些工厂曾经养活了多少家庭，我便想到要保留这些极具历史意义的建筑，并希望重新塑造纺织工业的未来。"

今天的香港人已经难以想象，在 20 世纪五六十年代，近四成就业人口来自于纺织业。数万工厂妹穿梭在荃湾一带拥挤的厂房之中，构成旧日香港的独特画面。随着内地改革开放，香港纺织业纷纷北迁内地，纺织厂陆续关闭。如今，数万工厂妹只剩一个头像凝固在墙壁上。

南丰纱厂老厂主陈廷骅，曾被称为香港的"纺织大王"。后来，南丰纱厂演变成大地产商南丰集团。纱厂的三个厂房化为新楼盘，按照既有的轨迹，后三个厂房拆除也只是时间问题。在集团董事会上，张添琳提议重新打造一个南丰纱厂项目，将老厂房活化成为既能保留香港记忆、又能放飞青年人梦想的园地。

设计师徐庄德回忆起张添琳的交待："不要管固定标准，不要为风格所限，要打造一个富于创想的空间。"于是，耗资七亿港元打造的新南丰纱厂，内里是原厂房骨架，外面是玻璃幕墙，犹如钢铁和玻璃保护起来的文物。

如今，南丰纱厂成为一个前世与今生对话的空间。高大的中庭，笔直的线条，表达着工业建筑特有的冷峻之美。

改造后的南丰纱厂　受访者提供

前世的记忆被保存：绿漆墙面、深褐色木门、黑色铁闸、红色防火桶——旧元素镶嵌在钢铁与玻璃之间，仿佛一幅幅旧照片被装进了相框。阳光通透的廊道和大堂，通往各个富于创意的空间，犹如联通前世与今生的桥梁。

与前世对话，不仅是透过发黄的照片、油漆剥落的旧机器，还可以透过最新科技。在布展尚未完成的纺织文化展示区，南丰作坊联席总监陈浩扬演示了一个虚拟现实体验头盔，戴上它，观众将会进入虚拟世界，透过操控机器和身体互动，回顾鼎盛时代的南丰纱厂。

南丰店堂：新旧融合的感性传承

空中飘散着浓郁的咖啡香味，一间间色彩缤纷的小店沿长长的廊道铺展。这是南丰纱厂的店堂区。如果说，纺织文化区重在保存过去，这个名为"南丰店堂"的区域就重在展示今天。

一间名为 alt 的旧衣再造零售店吸引了记者。墙上装饰着一束束鲜艳的纱线，是旧衣服重纺的；店堂内一排排新衣，是用再造纱线重新织成的。玻璃房内，一台机器正展示着将衣服再造的过程。差不多四个小时，一件旧衣服可改造成为一件新衣。

南丰纱厂市场总监梁婉玲介绍说，这是香港第一家旧衣再造零售店，客人可以买，也可以换。"正如这间旧衣再造店"，梁婉玲说，"南丰纱厂活化的理念就是以空间与资源的创新再运用回馈社会"。正是通过巧妙设计，历史文化与驻场店铺产生出新旧融合的时代传承之感。

重生后的南丰纱厂，不仅展示过去和今天，更要创造未来。活化后的建筑群占地约 2.45 万平方米，由支持初创企业的南丰作坊、六厂纺织文化艺术馆及体验零售店三大区域构成。

创业空间：呵护青年人的创意

第三区，高大敞亮的创业空间，是一个两层的灵活办公地带。这里重在为有创业意愿的青年提供起步空间。

年轻创业者王凯文正向参观者介绍让手指变成电话的智能语音戒指："爸爸

●香港特区行政长官林郑月娥和梁锦松参加开幕式　受访者提供

从13岁开始有了视力障碍。他很聪明，却无法使用智能手机，因为手机都是触摸屏。正是他，促使我研发声控智能戒指。"戒指以骨传导技术连接智能手机，只要将手指按住耳蜗，就能使用电话。

陈浩扬解释说，进驻"南丰作坊"的初创企业，多与"纺织"和"时尚"有关。如时尚物流公司、智能纺织家具等，都在获邀之列。他们期望大量与服饰、纺织产业高度相关的企业在这里聚集，形成品牌的集群效应。

南丰集团现任董事长梁锦松对南丰纱厂活化的使命有更深一步的阐释：活化南丰纱厂的构想，源于对香港未来发展的构想和历史传承的重视。香港或许难以再发展像以往般兴盛的纺织工业，但其带给香港的启示及精神，例如重视科学与科技发展、培养国际视野、不断探索的精神，都能够达到以旧启新的目的，值得继续发扬和传承。

手　记

　　走进南丰纱厂完全是个偶然。一个活动在这里举行，到现场一看，嗬，好一个博物馆、现代店铺与创意空间的集合体。老厂房的传统、沧桑，现代改造后的时尚、惊艳，两者碰撞在一起，再配上时尚小店的咖啡香、奶香，一种时空穿越感让人浮想联翩。当时的参观意犹未尽，回来找了些资料，重温了一遍香港纺织业的发展历史，对南丰纱厂这个名字肃然起敬，对南丰纱厂所在的荃湾地区也有了重新认识。当年的纺织业是香港经济支柱，勤劳的香港纺织女工撑起了当年香港半数家庭的生活。南丰纱厂开创者的第三代没有忘记这段历史，用新创意赋予纱厂全新价值。

　　眼前的南丰纱厂已成了众多网红拍照打卡的地点，特殊的工业之美、传统之美让人流连忘返。（王旭）

历史天空

故事 19

最后的香港小巴牌手写艺人

陈其蔓

今天的红巴已不再使用手写路线牌了　陈其蔓摄

● 20 世纪 70 年代用的花码字，分别表示 1.5 至 9.5 港元　陈其蔓摄

20 世纪 60 年代的香港，公共交通还不发达。一种没有固定站点的红色小巴应运而生，因其随叫随停的灵活性，一度受到大众的欢迎。几乎每一辆红色小巴的车头上，都摆放着至少一张白底胶牌。胶牌上写有红蓝色的漆字，红字表示终点站，蓝字表示途经地，为乘客指示着路线。

长久以来，这样的小巴路线牌（小巴牌）都由人手写。红色小巴服务的繁荣时期，香港有六七个师傅做着这一行当。但渐渐地，只剩下年过 60 的麦锦生一人坚持着这门手艺。

入行：和红巴"误打误撞"的缘分

"入这行不是我自己选的！"麦锦生说，自己从小字就写得好看，长大后跟着师傅做广告招牌。到了 1978 年，他选择自己开店单干，谁知道才做了四年，租的门店就被业主收回了，麦锦生只好搬家。

谁承想，搬到新店才发现，门口就是一个红色小巴的停放点。司机们看麦锦生写字漂亮，就请他帮忙写路线指示牌，这一写，便是 36 年。"可以说是误打误撞吧，不，应该说是缘分，我和红色小巴有缘。"麦锦生感慨道。

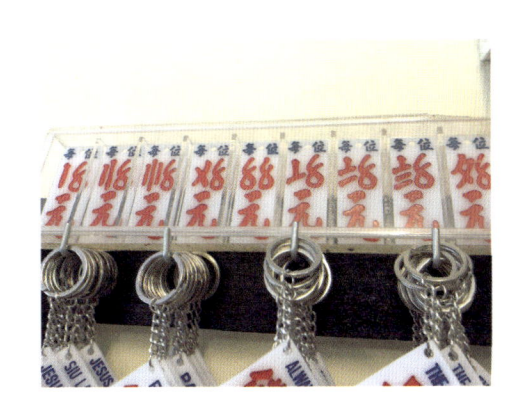

麦锦生介绍，小巴牌起初只是一块纸皮，用墨汁把路线指示写上去，然后挂在车外的保险杠上。纸皮牌子日晒雨淋容易损坏，所以写牌师傅们就改用 PVC 胶片作底，写字的墨汁也改为不易掉色的油漆。渐渐地，PVC 胶片演变成更厚实耐用的胶牌，沿用至今。

麦锦生还记得自己人生中写的第一张小巴牌——旺角佐敦道！他补充，自己职业生涯里写得最多的也是这条路线。

佐敦道码头曾是香港九龙规模最大

最后的小巴牌手写艺人
视频记者：陈其蔓
摄像：梁嘉骏
剪辑：梁嘉骏

●麦锦生工作室一角，很有小巴"风味" 陈其蔓摄

的码头，也是规模最大的小巴站点，如今已被拆除。"当时所有的小巴都从码头开出，又都会回到码头。人流都在这儿汇集。"麦锦生说。

鼎盛：24小时开工，一天做几十张

1984年，小巴获准加装空调，不少司机都到麦锦生店里更换全套的设备，也包括更换小巴牌。生意一时红火起来，他将这变化形容为"翻天覆地"。

"全盛时期每天都有十几二十辆车等在店门口。店里请了七八个员工，24小时开工，一天要做好几十张。"麦锦生回忆。

红色小巴自由、灵活，一辆车并不一定只跑一条路线，可能早上跑跑旺角，下午又到观塘去了。"一辆小巴上可能有十几个路线牌！都要我来写！"

随着香港的公共交通日臻完善，与红色小巴相对的，是一种绿色小巴的出现。

绿色小巴是专线小巴，有固定路线、服务时间、班次和收费，大部分路线还设有固定车站，并必须接受监管，不得随意更改。

曾经因为灵活而备受喜爱的红色小巴，却在香港的现代化进程中因绿色小巴的崛起而逐渐式微。绿色小巴都有固定的路线号码，人们只要看车顶的灯牌数字就可辨别，不再需要靠手写牌来指示路线了。

"现在为什么只剩下我一个还在手写小巴牌？不是因为我厉害，而是因为这行没得做了，夕阳行业了嘛，连红色小巴都衰落了。"麦锦生说。

● 写有"潮语"的小巴牌钥匙扣　陈其蔓摄

转型：创新只为更好地传承

麦锦生想过退休，但转机却及时到来。2010年，一行日本游客"误入"了他的招牌店，见小巴牌鲜艳好看，写的都是香港地名，觉得很有特色。其中有一位游客，在知道了牌上工整的汉字都是出自麦锦生之手后，向他定制了一块写有自己名字的小巴牌。

"我就由这件事受到了启发。"写了半辈子地名的麦锦生，开始在胶牌上"写点儿别的"。他不仅写"潮语"，还帮新婚夫妻写"喜帖"，然后做成钥匙扣、卡套、文件夹等创意产品，开启了小巴牌的转型之路。新产品很受年轻人的喜爱，一个月能卖出两三千件。麦锦生说，现在找他写真正的小巴路线牌的生意，与文创产品相比，比例大约是一比九。他觉得，创新之余，传统也要传承。

麦锦生开始在自己店里办工作坊，一周开课两三次，教年轻人以最"原始"的方法，用油漆来书写小巴牌。"小巴是陪着我们长大的，也陪着香港一路走来。现在只剩下我一个小巴牌手写师傅了，我觉得自己有这个使命将这门手艺保留下去，能做多久就做多久。"

手记

某日下班，在铜锣湾街头闲逛，被一家小店吸引住了目光：满眼都是白底红字的塑料牌子！作为一个从小就会到香港游玩的广东人，实在是太怀念了，这是香港红色小巴的路线牌——好久不见！但定睛一看，牌上写的却不是站名，而是诸如"我家有肥猫""唔经你屋企（不停你家）"等让人捧腹的潮语，实在有趣！到底是什么人有这样的巧思？顺藤摸瓜，就摸到了麦锦生师傅的工作室门前。从"水牌"的字不在美只在粗，一路聊到红巴当年是怎么被"江湖人士"控制的，麦师傅简直活脱脱一辆刹不住的红巴。他说他与红巴有缘，而我因偶然经过的一家分销店，收获了这许多的"市井"趣事，何尝不是又一种缘分呢！（陈其蔓）

3 人物志

故事 20

作家陶然：文学行旅与人生流转

闵捷

●1980年4月，陶然与艾青漫步在北京北纬饭店附近街头　受访者提供

作家陶然　闵捷摄

言语不多，声音不高，不紧不慢，但感觉敏锐而细腻，思维缜密而深刻，对文学的长情与韧劲，令人印象深刻。这就是作家陶然。坚持文学创作44年、执掌《香港文学》[①]18年，他曾用法国著名作家雨果的诗句表达自己对文学的深情："你没有那么多的死灰能扑灭我的灵火，你没有那么深的遗忘能吞没我的爱情。"

第十二届香港文学节正在香港举行。陶然作为文学研讨会"文学行旅的流转人生"的讲评人，近日出现在中央图书馆演讲厅的讲台上。他在讲评"旅行与文学"时表示，生活经验比文笔更重要，因为文笔可以磨炼，而生活带给人的智慧是很难得的。文学是陶然人生行旅的背景和底色，他自称"东南西北人"，一生以印度尼西亚万隆、北京和香港为三个主要的人生驿站，他的人生画卷和文学旅程也围绕这三个地方展开。

文学情结

原名涂乃贤的陶然，少年时代在印度尼西亚的万隆度过，20世纪60年代被父母送到北京读中学。1964年，陶然考入北京师范大学中文系，开始了他的大学生活。而他的"文学梦"始于当代著名诗人蔡其矫。

因为同是印度尼西亚归侨的缘故，年轻时的陶然深受蔡其矫的影响。他至今仍记得蔡其矫留给他印象最深的一句话："即使社会上流行文学无用论，但

[①] 《香港文学》创刊于1985年1月，由香港著名作家刘以鬯创办并担任首任总编辑。2000年9月改版，作家陶然接任总编辑。杂志收录小说、散文、戏剧、史料、诗歌、文学研究、评论等。2018年11月，作家周洁茹接任总编辑。《香港文学》是作家发表严肃文学的重要平台，对促进香港文学发展扮演一定的角色。该杂志被认为促进了香港文学的发展，也带动了各地华文文学的互动交流。

● 在《香港文学》编辑部里，正在工作的陶然　闪捷摄

如果问我的话，即使烧成灰我也热爱文学。"

大学期间正赶上"文革"，当时很多中外文学名著都成了"禁书"，想找到一本名著非常难。

一个偶然的机会，陶然得到了一张琉璃厂中国书店的购书卡，令他意外地获得了进入"书库"的通行证，接触到大量18、19世纪的文学名著。托尔斯泰的《战争与和平》、梅里美的《卡门》、雨果的《悲惨世界》以及巴尔扎克的《人间喜剧》等，这些著作不仅大大开阔了陶然的文学视野，也为他日后成为讲故事的高手奠定了基础。

香港情怀

1973年9月，陶然到香港投奔姐

● 1971年，陶然与北师大同学合影
受访者提供

姐。那个年代香港的经济状况差，很难找到工作。这让初到香港的陶然感到悲哀和受挫。

在最彷徨的时刻，是文学重新燃起了他生活的希望。1974年，陶然的处女作、短篇小说《冬夜》在报纸上发表，"那种快乐绝不是笔墨所能形容的"。

1979年5月，他的第一部长篇小说《追寻》出版，由此他的文学创作一发而不可收。陶然的文学创作主要围绕三个主题：移民问题、香港生活和情感问题。香港的贫富差距问题、一般百姓的所思所想、地域风情等，在陶然的作品中都有非常贴近和细致的表现。他的作品因此被誉为香港的"清明上河图"。

20世纪90年代，陶然创作了带有自传色彩的情感小说《与你同行》，受到文学界好评。他对香港的观察与呈现也变得愈加成熟。

2000年秋天，《香港文学》83岁的总编辑刘以鬯退休，57岁的陶然接手，开启了他长达18年深耕香港文学园地的生涯。改版后的第一期，"小说方阵"有王安忆的《伴你同行》，"散文纵队"董桥开篇、舒婷收尾，陶然立志让改版后的《香港文学》"跟着城市节拍发展"，为读者生产最好的精神食粮。《香港文学》刊登的作品以香港作家为主，涵盖小说、散文、笔记、文论等文体。此外，发表的文章涵盖四大洲21个地区的华文作家创作的作品。

2019年1月，《香港文学》走过33年的历程，成为香港有史以来"最长寿"的文学月刊。在该刊2019年第一

人物志

● 2015年10月,陶然到北京看望杨绛
受访者提供

期的"卷首漫笔"中,除了表达对文学的坚守外,陶然还表示,杂志社决定将维持17年不变的稿酬提高一倍,以"回报作者绞尽脑汁的辛苦于万一"。他深知"在香港从事文学创作是清苦而又寂寞的"。

文坛佳话

香港鲗鱼涌,一座写字楼的顶层,《香港文学》的编辑部就设在这里。在陶然的办公室里,跟他一起翻看20世纪60年代以来的老照片:北京、香港、巴黎;与艾青、与杨绛、与莫言;60年代、80年代、新世纪……文学行旅与人生流转就这样相伴而行,也成就了不少文坛佳话。

翻到一张陶然与著名作家杨绛在2015年的合影时,陶然回忆说,因为与杨绛和钱锺书的女儿钱瑗是北师大校友，并有通信往来，自2004年起他每年都会到北京探望杨绛。最后一次是2015年10月，那时杨绛精神尚好，能抄写钱锺书的诗词。2016年5月25日，杨绛在北京去世。当年8月号的《香港文学》特别推出"杨绛纪念专辑"。

1988年，31位香港作家发起成立香港作家联谊会（1992年改名为香港作家联会），首任会长是曾敏之，刘以鬯为名誉会长。2009年，潘耀明、陶然被选为会长和执行会长，并一直连任至今。自2001年起，陶然参加了中国作家协会第六次、第七次、第八次和第九次全国代表大会，并与内地众多文学刊物保持着密切的联系。

曾任《人民文学》副主编的作家肖复兴曾说，陶然是个重情重义的人，"这样性情的人，怀旧之情，便常会如风吹落花，飘时犹自舞，扫后更闻香。拥有一支这样静穆情深之笔的人，是幸福的。在这样的笔下，岁月陶然，心亦陶然"。陶然办公室的窗外，是一座天台花园。他静静地坐在门边的一把椅子上，那一刻，时光如静水深流，眼前与过往的一切，亦近亦远。

手 记

2019年3月9日，一个平静的周日下午，我从油麻地一家电影院出来，打开手机，一条信息跳入眼帘："陶会长走了。"我一时愕然，难以置信，因为就在几个月前还在香港作协成立30周年的庆祝活动上见过他。他是因一场病毒性感冒引起的并发症而溘然长逝的，享年76岁。虽然与陶然先生认识的时间并不长，但因为他也是北京师范大学的校友，我们有过很多共同的话题，他还是北师大香港校友会的会长。他为人低调、真诚、心思缜密，如静水深流，波澜总在水面下。总以为精神矍铄的他会一直静静地在朋友圈里，偶尔点赞，很克制地发声，但始终真诚地关注。不想竟是永别！陶会长，走好！（闵捷）

故事 21

慈善家田家炳：
诗礼传家　大爱济世

郜婕

● 田家炳在江苏盐城田家炳实验小学揭幕时与学生合影
本文图片均由田家炳基金会提供

● 田家炳 2003 年获香港教育大学颁授荣誉博士学位

2018 年 7 月下旬的一个下午，香港文化中心大剧院内座无虚席，上千名来自全国各地的各界人士在这里共同缅怀一位备受尊敬的老人——慈善家田家炳。

田家炳 2018 年 7 月 10 日在香港与世长辞。在 99 岁的人生历程中，他用前半生书写了从白手起家到身家数十亿的创业传奇，之后为慈善教育事业捐出绝大部分财产，更把后半生的全部心力投入到教育兴国的理想中。

追思会现场的布置简单朴素，几盆白色鲜花衬托着田家炳身穿博士服的照片，再无其他装饰，契合老先生一生践行的俭朴作风。田家炳的家人、曾受他捐助的学校师生、各地教育界和慈善界代表等分别上台，分享他们对田老先生的回忆。

一生践行朱柏庐治家格言

香港田家炳中学教师古运疆在台上分享了诸多"田中人"对田家炳的缅怀和敬意。其中一名校友回忆，田家炳办公室挂着一幅朱柏庐治家格言的字画。他曾让学生"考"他，从洋洋数百字的文中随便挑一小节，他就能接着背诵。古运疆说，他相信田家炳"不单是背诵，更是活出了格言中的每字每句"。

朱柏庐治家格言的 500 余字，自田家炳幼年起就深深印刻在他的心中。田家炳 1919 年出生于广东大埔一个诗礼世家。他的父亲老来得子，把他视若珍宝，取名"家炳"，寓意"彪炳百代"。田家炳生前在回忆录中写道，父亲给了他"无边的父爱"，但这爱"非常理

人物志　105

●田家炳在办公室,身后为朱柏庐治家格言字画

慧也贯穿他一生的言行,助他立业成家,更促他回馈社会。早年辗转南洋创业,他以"己欲立而立人"的古老智慧,实践着现代商业的共赢之道;不论是经营生意还是家庭,他都恪守父亲"宁可实而不华,切忌华而不实"的教诲;在香港成就事业后,他投身慈善,"达则兼济天下"。

"一粥一饭,当思来处不易;半丝半缕,恒念物力维艰。"朱柏庐治家格言中的这句话,是田家炳不忘的古训。他曾说,自己肩不能挑、手不能提,每日生活所需全靠劳动者提供,因此自己除了尽力多做好事、回馈社会外,更应珍惜一切资源,不能浪费。

四子田荣先回忆,父亲在生活上俭朴到了极致,一套西服穿几十年,袜子补了又补,出门自带水杯,以公共交通工具代步,甚至曾为省几毛钱车费提前几站下车步行。

为捐助教育变卖自住别墅

智",绝无溺爱,而是注重教爱合一,尤重品德教育。父亲把朱柏庐治家格言的一字一句反复教他,不但要他牢记,更要他实践。

田家炳不到16岁时丧父,但父亲的教诲他一直牢记,先贤古训包含的智

与田家炳极端节俭形成鲜明对比的,是他捐助慈善事业的慷慨。1982

● 田家炳出席河北省清河县田家炳中学捐资庆典时与学生交流

● 田家炳五子四女摄于20世纪60年代香港九龙塘田家附近公园

年，已是亿万富豪的田家炳捐出八成财产，成立公益基金会，主要捐助教育事业。

1997年亚洲金融风暴后，田氏企业和基金会收入受到影响，向来言出必行的田家炳为兑现捐款承诺，变卖住了37年的花园别墅，所得5,600万港元全部用于资助内地几十所学校，自己年过八旬却成了"无壳蜗牛"，晚年一直租房居住。

2003年，田家炳基金会已经超支，但为了帮助香港城市大学和理工大学取得有时间限制的配对性筹款，他向银行贷款600万港元，捐给两所大学。时任城大副校长的黄玉山在追思会上回忆起这件事时感慨："借钱来捐款，这是难以想象的伟大情操。"

2010年前后，田家炳将名下仅余的四座当时总估值达20亿港元的工贸大厦业权转予基金会，并邀请社会人士加入基金会决策机构，自己则退任为荣誉主席，使基金会从由家族管理转为由社会人士共同管理的慈善机构。

田家炳为慈善倾其所有，而在他心中，他还拥有另一笔比钱财更值得自豪的"财富"。他在回忆录中写道："我的慈善事业一直得到家人的全力支持……九名子女自幼养成谦恭诚挚的待人接物态度,全家充满爱心。这点自觉比我在财富上的成就更具意义。"

田家炳重视家庭和子女教育,比起物质,更注重精神和道德上的"富养"。在他的教育下,九个子女自小懂得勤俭节约、己立立人,也认同父亲"留财于子孙,不如积德于后人"的想法。当年商讨卖房捐校时,九个子女无一质疑抱怨,这在看惯了"豪门恩怨"的香港实属难得。难怪国学大师饶宗颐亲自挥毫题词"积善之家"送给田家炳。

临终仍牵挂"教育兴国梦"

田荣先在纪念父亲的文中写道,父亲临终前已不能讲话,离世前一天卧在床上写了许多字,虽然字迹紊乱,却仍很努力地写。其中有一句对儿女的叮嘱:每逢周六全家聚会以表亲情。"爸气若游丝,危在顷刻,但惦挂着的始终是这个家。"

让田家炳到生命最后一刻仍然牵挂的,还有他的教育兴国梦。家人说,老人家弥留之际眼睛已看不见,颤抖的手却仍握着一张中国地图。地图上以田家炳命名的学校遍及全国,仿佛在替他重复他常说的那句:"中国的希望在教育。"

田家炳年少辍学,未能完成学业是他个人终生的遗憾。他曾亲眼目睹国家积贫积弱的过去,对国家的前途命运有着深刻思考。因此,他把个人理想与国家命运相连,早年投身实业不只为赚钱,也为贡献经济,后半生更是把全力支持教育作为贡献国家发展的着力点。

黄玉山在追思会上表示,田家炳不只是教育捐助者,更是亲力亲为的参与者。他秉持"中国的希望在教育"的理念,也提出"教育的关键在教师",重视教师培养和道德教育,重点扶持贫困、偏远地区基础教育发展。他对中国教育发展的投入和思考,让他堪称教育家。

田家炳基金会总干事戴大为近日接受新华社记者采访时说,基金会秉承田家炳的理念,根据国家教育发展现状调整工作方向。近年来,基金会每年开展约70个项目，总投入在7,000万港元上下，资助范围扩大至面向全社会，资助重点逐渐从支持硬件改善为主，转向着重提升教育素质、加强学生全人教育等方面。

追思会上，湖南省浏阳市田家炳实验中学学生孙晓说，田老先生辞世那天，她与同学集体向这位未曾谋面却最为熟悉的老人默哀致敬，让她感受到"田家炳精神"在所有"田中人"心里植入"共同的信仰"："正如17年前先生访问学校时所说，他不求回报，只希望我们把这份爱传递下去……成就自己、回报社会，这或许也是'田家炳精神'的核心——在不断的历练中发挥个人的最大价值，用这份小我的价值去感染更多人，回馈我的民族与国家。"

手 记

不论是作为实业家还是慈善家，田家炳都是香港的一个传奇。2018年7月，这位传奇老人与世长辞后，我坐在追思会现场，听着来自全国各地的各界人士对他的追忆，洒泪之余不禁思索：生者应从这传奇中汲取怎样的力量？

回顾田老先生99岁的人生历程，从白手起家到身家数十亿，再到卖房、贷款捐校，成为"中国百校之父"。修身、治家、创业、报国，他都秉持着最朴实的思想，为世人提供了榜样。正如田老先生极尽俭朴的一生，追思会布置得简单朴素，只有几盆白色鲜花衬托着他的照片，那清冷的花香，让人想到两个字：流芳。（邰婕）

故事 22

女作家梁凤仪：用"挚爱"演绎香港传奇

李滨彬　张雅诗

● 梁凤仪在接受专访　　秦晴摄

她，是著名财经小说作家，出版了超过1,200万字、逾100部小说及散文；她，是驰骋香港商界的女企业家，创办的公司在香港主板上市——她就是香港女作家梁凤仪。

如今，梁凤仪又成为香港舞台剧《挚爱》的女主角，在这部由她担任编剧的舞台剧中，她深情地道出心声："香港是我的挚爱，我的挚爱在香港。"

携中大校友倾情出演舞台剧《挚爱》

《挚爱》以香港中文大学为背景，讲述了几经风浪的香港金融故事和一段缠绵悱恻的爱情故事。金融风暴中的尔虞我诈和人性的较量通过紧凑的情节、精彩的表演和充满现代感的舞台设计被淋漓尽致地演绎出来。

观众惊讶于梁凤仪在舞台上表演的张力和层次，她充满感染力的舞台表现多次赢得观众的掌声。《挚爱》的执行导演方祺端说："我也是第一次看梁博士演戏，她是编剧，对剧本非常熟悉，念台词的时候也很入戏，节奏掌握得也很好。"

"写作太寂寞了，只能自己一个人去挣扎体验辛苦，演舞台剧很多人一起交流更有趣。"谈起舞台剧，梁凤仪满心欢喜，说这是自己从小的爱好。70岁的梁凤仪表示，每个人的挚爱有不同的层次和阶段，只有挚爱才能给你力量去克服困难。她引用《挚爱》中的一句台词来说明自己的人生观："人生当中，每一天都要面对不同的挑战。我从来都没有认为我可以幸免于难，我只希望我可以兵来将挡、水来土掩。"《挚爱》从2018年8月31日开始连续在香港上演三天，接下来还将去温哥华、北京、深圳和伦敦演出。

勤奋+机缘：成就一生传奇

作为一名成功女性，梁凤仪称得上"传奇"二字。梁凤仪是近年来在中国内地、香港以至海外华人社会深受欢迎的女作家之一。她的小说多以香港风云变幻的商界为背景，以自立奋斗的女强人为主人公，并将财经知识、经营手段融于爱情故事之中。

作为企业家，梁凤仪创办了香港知名的勤+缘出版文化产业集团和香港第

女作家梁凤仪用"挚爱"演绎香港传奇
视频记者：陈其蔓
摄像：梁嘉骏
剪辑：梁嘉骏 陈其蔓

●舞台剧《挚爱》中，梁凤仪出演的女主角与男主角共舞　秦晴摄

一家引进菲律宾女佣的碧利介绍所。她创办的勤+缘媒体服务有限公司成为首家由外资控股主营电视剧制作及媒体服务的香港上市公司。

梁凤仪认为，每一个人只要能超越他本身的能力，那就是成功。一个普普通通的人，能做到安居乐业也是一种成功。幸福就是能够得到自己想得到的东西，如果得到了超过自己应得的东西，就更幸福了。

"成功没有秘诀，但勤奋绝对不能缺，讲求天时、地利、人和。勤奋占50分，机缘占50分。"她说，假如把她的书往后推30年，不管写什么都进不了内地，因为时间不对；相反，当时机来到，如果不努力，写作天分再高也没有用。

谈到爱情，梁凤仪说，她心中的爱情是你愿意跟这个人生死与共、共度一生；你愿意为对方牺牲一切，以对方的荣誉和快乐为先。

"进入内地是我的幸运"

"香港回归祖国后，内地老百姓迫切想了解香港的情况。海外很多作家的爱情故事比我写得更好，但爱情可以发生在任何一个地方，选择梁凤仪是因为刚巧我的财经小说描写了香港金融和商业社会的社情民意，大家能更好地了解香港。"梁凤仪说。

从1992年开始，人民文学出版社开始出版梁凤仪小说，她1994、1995、1996年连续三年在北京图书展中成为全国销量最高作家。《花帜》《金融大风暴》《昨夜长风》等小说，更是

● 舞台剧《挚爱》中，梁凤仪出演的女主角从国外回到香港组织的晚宴

秦晴摄

被包括中央电视台在内的多家境内外媒体机构改编成影视剧。

谈到她与其他作家的不同，梁凤仪说她的定位是大众文学，她的小说通过身在其中的故事和经验，让内地同胞能窥探香港商界的面貌。特别是对于20世纪90年代初，金融和经济发展刚起步的内地来说，畅销小说是让一般老百姓了解业界的理想方式。她的多部小说也因此成为与以往言情小说风格迥异的"财经小说"系列。

"我对祖国最大的信念就是，我们是从非常艰难的路上走过来的，每一步都很扎实，富强是一定会实现的。"梁凤仪说。

手 记

2018年香港书展上，我在香港中文大学出版社展区看到一则话剧《挚爱》的海报，这是香港著名财经作家梁凤仪女士自编并担当主演的话剧。我小时候看过很多梁凤仪小说改编的电视剧，但没想到她竟如此多才多艺，还能亲自主演话剧。

第一次见面是在梁凤仪女士的工作室，她给我的感觉是专业干练、思路清晰、活力四射。梁凤仪女士是一位成功的女性，能在跨界的不同领域都做出成绩，实为不易。她的首场话剧演出结束后，我参加了她的读者见面会。几百位来自全国各地的读者专程赶到香港来为她加油助威，很多都是她几十年的书迷，场面感人。（李滨彬）

故事 23

两代工程专家胡应湘与林鸣：
港珠澳大桥从梦想到现实

李滨彬　颜昊

● 晨曦中的港珠澳大桥　梁旭摄

2018年10月23日,港珠澳大桥开通仪式在广东省珠海市举行。伶仃洋上,这座世界最长的跨海大桥如一条巨龙静卧碧波,成为连通粤港澳三地、服务大湾区生活和经济社会发展的新动脉。

此时此刻,两位大桥有缘人将被历史铭记——最早倡议兴建大桥的香港著名实业家、工程专家胡应湘和港珠澳大桥岛隧工程项目总工程师林鸣。分处港珠澳大桥的东西两侧,83岁的胡应湘与61岁的林鸣共同眺望伸向海中的大桥。因为港珠澳大桥,来自香港的实业家和内地的传奇工程师有了人生中长达30多年的交集。他们说,港珠澳大桥在地理上连接着港澳和内地,也在精神和文化上成为三地居民的纽带,见证着港澳融入国家发展的历史。

梦想中的大桥

作为改革开放后最早到内地投资的香港实业家之一,工程师出身的胡应湘自20世纪80年代起先后在珠三角投资兴建了广州中国大酒店、广深高速公路、沙角电厂等多个标志性项目。而他早期的一个梦想——一座跨越伶仃洋的大桥,足足让他等待了近40年。

早在1983年,胡应湘就提出了《兴建内伶仃大桥的建议》,成为提出港珠澳大桥具体修建设想和计划的第一人。根据他的设想,从珠海东岸上建桥连接伶仃洋上的两个天然岛屿,再伸延至香港最西面的浅水区,可以最短距离连接到香港。

"当时内地方面对我这个方案非常感兴趣,但港英政府持反对意见。因此,伶仃洋大桥的方案就被搁置了。"胡应湘说,这是当时的一大憾事。

20世纪90年代初,林鸣在建设自己职业生涯的第一座大桥——珠海大桥时听说了胡应湘的名字。"胡先生在内地投资了电厂和中国大酒店等多个项目,与我们专业最近的是广深高速公路和伶仃洋大桥的构想,很仰慕胡先生。"林鸣说。

2006年,为了探讨双方合作投资建设港珠澳大桥主体工程的可能性,林鸣所在的中国交建派遣他带领专业团队专程来到香港拜访胡应湘。在位于湾仔

● 2018年7月11日无人机航拍的港珠澳大桥　梁旭摄

合和中心的办公室里，林鸣第一次见到了胡应湘。

2011年7月的一天，林鸣团队在港珠澳大桥正式动工后暂住珠海，胡应湘前去拜访。同为工程师的两代人第二次见面。

当时正值炎炎夏日，年近八旬的胡应湘不顾舟车劳顿一大早便赶来，要与林鸣讨论潮汐发电的试验方案。林鸣颇为感慨："胡老事业上早已功成名就，生活上衣食无忧，我除了感动，也受到了莫大的鞭策。"

"一定要立足自主创新"

港珠澳大桥被称为"基础设施建设领域的珠穆朗玛峰"，它不仅是世界最长的跨海大桥，也是世界首条海底深埋沉管隧道。特别是海底深埋沉管隧道，是整个大桥工程中难度最大的部分。

港珠澳大桥是中国第一次大规模建设外海沉管隧道，当今世界上也只有极少数国家具备外海沉管隧道建设能力。担任大桥岛隧工程总工程师的林鸣说，岛隧工程从2005年开始准备，随后10多年一直在为解决诸多世界级技术难题而奋斗。

● 香港实业家、港珠澳大桥构想最初提出者胡应湘和港珠澳大桥岛隧工程总工程师林鸣在即将开通的港珠澳大桥会面　受访者提供

在工程筹备阶段，林鸣曾组织项目组到国外考察。外国专家断言，中国人没有能力做这件事情，并开出了1.5亿欧元的天价咨询费。林鸣说："我们所建设的不仅仅是香港回归后的世纪工程，更是大国的经济宏图，我们一定要立足自主创新！"

在林鸣的工作团队，中国的建设者们依靠自己的力量，花了两年时间，不仅解决了外国人认为不能解决的问题，还攻克了世界深埋沉管隧道的一系列难题，成为世界上"深埋沉管结构设计""深水深槽沉管安装"等技术的领头雁。

提起岛隧工程的自主创新，林鸣并不轻松。"中国人第一次做，没有任何经验。每一点进步和突破对我们来说都是压力、风险、挑战和责任，伴随着无数个日夜煎熬。但能够参与这项世纪工程，是我们一生最自豪的事。"

胡应湘对大桥岛隧工程评价颇高。"我去看过岛隧工程，林鸣团队的水平很高，建得很好！40年前，内地修桥的施工经验、设计水平还不行，但现在已经是世界领先水平，而且建设成本更

人物志

● 位于港珠澳大桥与东西岛相接处的青铜鼎，彰显中国传统文化的元素。两个人工岛岛头共有四个这样的青铜鼎，分别刻写着"海底绣花、筑岛奇迹、蛟龙出海、圆梦伶仃"的字样，记载着这项超级工程的筑梦历程　　受访者提供

低，非常有竞争力。"

一座伟大作品诞生

2018年2月4日，胡应湘应邀参加港珠澳大桥岛隧工程景观设计暨工程美学研讨会。那天，在港珠澳大桥东人工岛，林鸣与胡应湘第三次相遇。

林鸣向胡应湘介绍，大桥建设者之所以在人工岛桥头安放四个青铜鼎，就是要寻找一种具备时代标志、能被三地接受、又能承载大桥精神和建设者寄托的创作。青铜鼎是中华民族的杰作，也是中国古代重要的礼器，安放在大桥人工岛上成为寄托祝福港珠澳大桥百年平安的象征。

那一天，也是胡应湘提出伶仃洋大桥构想35年后第一次看到几近完工的港珠澳大桥。"相当伟大！见到内地工程师和施工队伍如此高质量的作业，将梦想变成了现实，我感到非常高兴。"胡应湘激动地说。

胡应湘早年毕业于美国普林斯顿大学，获土木工程学位。在他的诸多身份中，胡应湘最喜欢的是工程师。他说，自己这辈子很幸运能成为一位工程师，为国家的能源和交通建设出一份力。

2018年夏天，林鸣陪同胡应湘在港珠澳大桥内地段接受媒体的采访，这是他们第四次见面。林鸣回忆，冒着酷暑，83岁高龄的胡老连续一个下午不厌其烦地配合采访拍摄。"我从与他的交往中体会到了如何当一个工程师。在港珠澳大桥岛隧工程中，我们倡导两个理念，一个是工程师精神，一个是工匠精神，我们都引以为荣。"林鸣说。

林鸣认为，胡老最为难得的是，当他在商业上取得成功以后，还一直在坚持工程师的职业操守，在改革开放的40年中从投资广深高速公路到兴建广州中国大酒店，坚信并坚守实业兴国。

23日这一天，胡应湘应邀在珠海出席大桥的开通仪式。而作为大桥重要的建设者代表，林鸣当天则奉命驻守在大桥的东人工岛。林鸣说，虽然他们今天没能见面，但连通三地的港珠澳大桥让更多的人见面了。

手 记

港珠澳大桥开通是2018年的一件大事，将两位传奇人物与大桥近40年的缘分巧妙地通过"四次相遇"的瞬间串联起来，是经过一番精心设计构思的。稿件选择大桥开通仪式当天播发，在新华社客户端上的阅读量超过160万，这是非常可观的浏览量。

国耻家仇犹未了，零丁洋里叹零丁。港英时代没有建成的港珠澳大桥，回归后在"一国两制"的实践中终于梦想成真。（颜昊）

故事 24

商业巨子吕志和：
"和谐共享，仁爱和平"

张雅诗　闵捷　陆敏

●吕志和在接受新华社记者采访　　吴晓初摄

● 吕志和出席"吕志和奖——世界文明奖"新闻发布会　李钢摄

新一届"吕志和奖——世界文明奖"获奖名单日前在港出炉，在当前香港纷乱的时局面前，这个旨在以正能量推动社会进步、促进世界和谐的奖项发布，显得如此不一般。

奖项创始人、香港知名商人、嘉华集团主席吕志和在记者会上说："我们将以滴水穿石的精神，为建立更和谐社会持续努力，我相信只要大家互谅互让，携手向前，必定能汇聚成江河大海，连绵不断地滋养着彼此的善意及文明和谐的世界。"

吕志和在商界叱咤风云70多年，从一个街边摊贩，到"矿石大王""酒店大亨"，乃至位列亚洲富豪榜前列。但对他来说，为社会奉献大爱，向世界传递"和谐共享，仁爱和平"的价值观，才是最在乎的事业。

20世纪30年代，五岁的吕志和随父母从家乡广东江门移居香港。出身富裕家庭的他衣食无忧，但这样的时光并没有持续太久。

"我刚上初中一年级，香港就沦陷了，我也因此失学。"在位于北角的办公楼，吕志和对记者回忆起当年日本占领香港期间的境况，"在街上随时能看见尸体，被杀的、饿死的"。说到这，老人家和蔼的面容顿时严肃起来。

战争期间，吕志和父亲的制衣生意大受打击。小小年纪的吕志和便自己动手制作沙琪玛、花生糖、松糕等既便宜又能填肚子的小吃，拿到街边摆卖，维持生计。只有13岁的他初次创业便赚来人生第一桶金。讲到这里，他让人搬出当年攒下的丰厚"财产"——一箱二战时期日军在香港发行的军票。

吕志和缓缓地打开这个深咖啡色的老旧木箱，里面是一沓沓钞纸已发黄、发脆的军票。"当时一元军票兑换四港元，这些够买一整条街了。"吕志和说，当时一整幢楼的价格也不过几千港元。

二战结束，军票作废，吕志和的财富瞬间蒸发，但他没有气馁，而是选择重新出发。1955年，吕志和创立嘉华集团，从采矿业起步，迄今业务已遍及建材、地产、酒店和娱乐休闲等多个领域，总资产达数百亿美元。

人物志

吕志和在接受新华社记者采访　吴晓初摄

坐落在港岛北角渣华道旁的嘉华国际中心，是吕志和每天上班的地方，位于30楼的会客室视野开阔，维多利亚港的景致一览无遗。彼岸是宏伟的启德邮轮码头，其所在地观塘区从20世纪50年代发展成为香港著名工商业区，这之中有吕志和的重要贡献。

"整个观塘填海，八成是我开山填出来的。"吕志和的话语间满是自豪。

吕志和在香港打拼了70多年，对这片土地怀有拳拳之心，而广东江门是他的出生地，同样是他心中挥之不去的牵挂。在他会客室的醒目位置，摆放着一个江门碉楼瓷盘。多年来他始终心怀桑梓，尽一切机会为家乡和社会贡献大爱。

"中国要强起来，必须要有人才。"热心公益的吕志和尤其看重教育事业。多年前，他到访上海复旦大学，看见学生们排着长队，"我好奇一问，才知道原来是学生们排队借学校计算机"。他很感慨，立刻决定向该校捐出500台计算机。多年来，他在内地和港澳捐助的教育机构数不胜数。

2015年，他出资20亿港元设立旨在促进世界文明发展的"吕志和奖——世界文明奖"，所设三个奖项分别为"持续发展奖""人类福祉奖"和"正能量奖"。历届获奖者包括"杂交水稻之父"袁隆平、世界气象组织、国际残疾人奥林匹克委员会等。

与社会上其他奖项相比，"吕志和奖"更关注人类福祉和社会进步。"这世界需要爱和包容"，吕志和说，"不同文化、不同背景的个体与族群，需要互谅互让，彼此宽恕，建立一个和谐共享的美好世界"。

对社会的卓越贡献让吕志和多次荣获各种社会荣誉，包括特区政府大紫荆勋章。他经常勉励年轻一辈："每个年代有每个年代不同的困难，但相同的是，只要全力以赴、默默耕耘，总会尝到雨过天晴的回报。"

谈到近段时间香港的局势，吕志和格外痛心，"眼看几代港人辛苦耕耘的创业成果被破坏"。经历过战乱的他，

大爱无疆　和谐共享
视频记者：万后德
摄像：梁嘉骏
剪辑：梁嘉骏

●吕志和向新华社记者展示自己的画作《和谐共享》　吴晓初摄

知道安定和平对于一个社会有多么重要，"当前社会纷乱持续，扼杀了香港的安定繁荣"。

他呼吁，中国的传统文化重视仁义道德，社会应培养互相尊重和互助互爱精神，当前各界应该放下歧见，互谅互让。"期盼香港人珍惜得来不易的繁荣稳定。"

虽然已届耄耋之年，但吕志和仍未有退下来的意思。他每天清晨5时许起床，先活动活动身体，再吃早餐，然后到办公室上班。作息规律，生活简单。吕志和认为，平凡而简单，也许才是人生快乐的本源。

手 记

笔者能有机会与吕博士面对面谈谈他的人生经历和哲理，包括他创立"吕志和奖"的初衷，实在难得。这位商界传奇人物今年刚好90岁，慈祥和蔼，他在言谈间说得最多的是和谐、和平。吕博士热爱艺术，他在位于港岛南区的收藏馆"嘉和轩"展示了不少名家作品，包括林风眠、吴冠中等的画作。吕博士也喜欢创作，他将一幅油画作品制作成瓷碟，上面有他亲自题字"和谐共享"，将心愿融入艺术。（张雅诗）

人物志

故事 25

香港艺人汪明荃：
山水不变，情不变

丁梓懿　闵捷

● 汪明荃工作室墙上的海报　　王申摄

香港九龙湾临兴街，一座由昔日的工厂大厦改建的大楼，著名香港艺人汪明荃的工作室就设在这里。约150平方米的工作室一多半被打造成了小型排练场，另一边则是一个小客厅和一间小型办公室。墙上挂满了不同年代的海报，见证着这位影视歌三栖明星从艺50年来的辉煌历程。

一头齐肩短发，一袭蓝黄相间旗袍，71岁的汪明荃依然神采奕奕、优雅大方，她至今仍常在这里练功、排练、办公及会客。20世纪80年代，一曲《万水千山总是情》随着同名电视连续剧红遍大江南北，成为那个时代的集体回忆；1985年，汪明荃登上春晚舞台，被更多内地人所熟知；后来当代表、做委员，成为香港演艺界的代言人；如今，她又为推动两地文化交流不遗余力，并为振兴粤剧继续发光发热……

出道50载 红遍大江南北

乳名"小妹"的汪明荃1947年出生于上海崇明岛，1956年秋天来港定居。1966年，热爱表演的她加入了丽的映声第一期艺员训练班，并以第一名的成绩毕业。

刚出道的五年间，她拍了26部剧，包括当时红遍大江南北的《万水千山总是情》。汪明荃在剧中饰演了一位爱国热血女青年庄梦蝶，她把这个美丽朴实、勇敢坚强的女性形象刻画得入木三分，令观众难以忘怀。

演艺生涯一开场便是香港无线电视台头号女主角的汪明荃，还曾参演过许多重头剧，而她所饰演的角色与现实中的她也都十分相像——总是明媚勇敢、温柔坚强。同时，她还出唱片、做主持、开演唱会，是香港娱乐圈风头无两的标杆性全能艺人。

"随着人生经历的变化，每次唱《万水千山总是情》都会有不同的感受，但正如歌词所表达的：山不变，水不变，情也永远不会变。"汪明荃说。

1985年春晚，汪明荃压轴连唱三首歌曲，并在台上做了一个现在看来很寻常、但在当时的内地却极为少见的举动——与央视现场观众握手互动交流，她让人们感受到了眼前的艺术家

● 汪明荃接受新华社记者采访　王申摄

是一个真实的、有情感的人。

2017年，适逢出道50年，汪明荃在香港体育馆举行庆祝入行50周年演唱会。她在台上欢歌热舞，施展浑身解数：流行歌曲、戏曲、古典舞、现代舞……活力十足，让全场观众为之沸腾。

"71岁，不打算退休，我还有很多重要事要做。"汪明荃坚定地说。

代表、委员30年　为香港演艺界代言发声

20世纪80年代对汪明荃而言，应该是她最璀璨的黄金时代，也正是那时，她踏上了参政议政的路途：当选为第七、八届全国人大代表，后任第十、

汪明荃工作室墙上的海报　王申摄

十一、十二届全国政协委员。

1988年，41岁的汪明荃当选为第七届全国人大代表，她专心投身其间，为民发声，做了不少恪尽己力的贡献。1998年，汪明荃转任全国政协委员。香港回归20多年来，每年的庆回归文艺晚会上，人们总能见到她的身影。2004年，因致力于香港的繁荣和文化事业的发展，汪明荃获得香港特区银紫荆星章。2017年，全国政协十二届五次会议中，汪明荃积极建言献策：应充分发挥香港沟通中外的优势，并向海外传播中国文化。

"这30年带给了我许多成长。"汪明荃感慨地说。在这期间，她边参会、边考察、边学习，关心时政、了解民情，未敢有丝毫懈怠。"我是人民代表，就一定要敢于表达，为民发声。"

人物志　127

她说，粤剧在当时不受重视，粤剧发展式微让她焦心，所以她就和许多香港文化界人士一同努力，向各方表达建议和要求。终于，粤剧在 2006 年被列入国家级非物质文化遗产名录，更在 2009 年成为世界非物质文化遗产。

振兴粤剧　身体力行、不遗余力

20 世纪 80 年代初期，汪明荃机缘巧合接触到粤剧，她觉得很有意思，于是"半路出家"学习粤剧，成了花旦，建立粤剧团，后来还成为八和会馆首位女主席，并且连任多届。成立于清光绪年间的八和会馆，至今已经有 130 年的历史。成立以来，以弘扬传统粤剧艺术为宗旨，不但积极向公众推广粤剧，也关注粤剧演员及从业人员的发展和传承工作。

近年来，汪明荃将自己的工作重心放在民间艺术、传统文化上。她凭借自己的社会能量和明星效应，排除万难，积极培育粤剧新人，提升粤剧创作和演出水平，努力为粤剧演出争取经费、场地和特区政府的优惠政策，为粤剧界争取了不少利益并提高了社会地位。

在她的积极奔走下，香港的文化地标、粤剧殿堂——新光戏院得以重生；高山剧场成立了粤剧教育及信息中心；而最令她开心的是，香港首个戏曲文化表演场地——戏曲中心终于在 2019 年 1 月 20 日正式开幕。

"拍剧或唱歌，我今年应该不会了，我只想一心一意做粤剧。"汪明荃说，做粤剧很辛苦，唱念做打要付出很多体力，但目前还可以应付。"粤剧在香港很兴旺，我想努力把香港的粤剧带到大湾区去。"如何进一步将粤剧在大湾区城市群中发扬光大是汪明荃一直思考的问题，她希望区内可以设立一些协助各地剧团往来巡演的中介公司，为安排场地档期、预算票房、活动宣传等事宜提供"一条龙"服务。从演戏、唱歌、演粤剧，再踏上参政议政之路，如今仍然频繁出现在各种演出和社会活动上，汪明荃不知疲倦，把每天都过得有声有色、热气腾腾……

汪明荃：山水不变，情不变
视频记者：陈其蔓
摄像：梁嘉骏
剪辑：梁嘉骏

● 汪明荃与参与采访的记者合影

手 记

第一次见到汪明荃，是在2018年12月底戏曲中心的开台仪式上。年过七旬的汪明荃在台上容光焕发、神采奕奕，致辞时底气十足，字正腔圆，举手投足间透露着一股女神范儿，让人称奇。

三个月后，她从台前走到了记者的镜头中。一个多小时的采访结束后，她向记者表达谢意，并一一道别。记者走后，她还要处理工作上的事情，晚上还要参加一个慈善晚会的演出。一直以来，她为了弘扬粤剧，可谓殚精竭虑。采访那天，她略显疲惫的神色，让人心疼。（丁梓懿）

故事 26

双料影后惠英红：
一树繁花别样红

陆敏　闵捷

●2019年5月24日，惠英红在香港接受新华社记者采访　吕小炜摄

她，22岁就拿到最佳女主角奖项，曾是"香港最卖座的武打女星"，风光无限；她，曾经无片可拍成"边缘人"，走投无路到试图自杀，跌入谷底；她，在2005年以45岁的"高龄"复出，以绝地反弹的姿态频频出击——在2009年到2019年这10年间，她揽下了包括台湾电影金马奖、香港电影金像奖、亚洲电影大奖等20多个奖项，也重新站上了人生的高地。她是电影女演员惠英红。

在岁月里烤过，在时间里熬过，如今，所有的过往都零落成泥，滋养她在人生半百的年纪，开出一树繁花别样红。

如戏人生 两次获奖相隔28年

出现在记者面前的惠英红，一袭粉绿色长裙，妆容精致，身姿绰约，说起话来笑意盈盈，眼波流转。过往，在她的眼里已是云淡风轻。只有当她说起，"尝过了高点，再下来尝最苦的，慢慢再从50岁往上爬，这里面的甜酸苦辣，没尝试过，你没办法知道那个味道"，微笑的眼睛里才隐约有泪影闪烁。

惠英红从小就有个电影梦。因为家境贫困，她13岁开始去夜总会表演中国舞。"那个时候，很多电影公司星探都是在夜总会挑演员，我跳舞就是想被星探发现。"17岁，惠英红被导演张彻发掘，签约邵氏影业，在1977版《射雕英雄传》里饰演女二号穆念慈，由此开启影视生涯。

1982年，22岁的惠英红因为武侠电影《长辈》拿到了人生第一个最佳女主角奖项，也成为香港电影金像奖史上迄今唯一一个靠"打女"角色获此殊荣的演员。此后，惠英红叱咤影坛，成为响彻香江的一代"霸王花"。

造化弄人。随着20世纪90年代武打片逐渐式微，已经被公司和观众定型为"打女"的惠英红几番转型无望，逐渐沦为无片可拍的"边缘人"。从风光无限到无人问津，巨大的心理落差，加上多年拍打戏落下的一身伤病，让惠英红患上了严重的抑郁症。她闭门不出，甚至吞下安眠药，但幸好被抢救了回来。"上天不让我走，我就好好活！"重生的惠英红终于放下自尊，2005年低调复出，开始在电视剧里出演各种小角色。

2009年，惠英红在电影《心魔》中饰演一个对儿子有极强控制欲的悲情母亲。一年后，她凭此角色获得香港金像奖最佳女主角。"当时听到我的名字，我愣住了，不敢有任何反应。等确定是我之后，整个人完全崩溃了，一路哭着上台，真的很丢人！"手捧奖杯，她百感交集，"这是我生死攸关的一个奖项，我惠英红有机会了！"这一年，她50岁，距离上次获奖已经整整28年。

别想"人活着干吗"，人活着就要去"干吗"

"我从三岁就知道人生需要奋斗。"对于惠英红，"奋斗"像基因一样与生俱来，"每一天都不要浪费，哪怕用来休息也是个态度。如果什么都不做，人生就没有色彩，也没有价值。别想'人活着干吗'，人活着就要去'干吗'"。

当"打女"的那些年，她不过十几二十岁，却以超越年龄的敬业态度赢得了所有人的尊重。有一次，她从高空跳下，小腿骨当场断裂。当时全片还剩下两三个镜头就完工了，如果不拍就要等两三个月，她坚持从医院返回接着拍。两个员工架着她，补拍上半身打斗的镜头，两条小腿就在下面跟着晃荡。她忍住剧痛拍完最后一个镜头，在场所有人都眼含热泪，为她鼓掌。

"做任何工作，首先要尊重自己，才能赢得别人的尊重。"惠英红说，"如果没有之前这个积累，后面复出也不会有人用心帮你"。

2005年，惠英红复出加入香港无线电视台，照片在公司里挂了半年多也没人找她拍戏。某日，知名监制李添胜路过看到了她的照片，立刻请她拍戏，"因为我们曾在嘉禾合作过，他了解我"。这一部戏，开启了她的复出之路。

惠英红始终忘不了恩师李翰祥导演的启蒙。李翰祥让她明白，电影一个半小时里呈现的故事只是人物一生的一小部分，表演要出彩，必须要找到人物的"前世"和"余生"。"我至今都是用这种方法揣摩角色。"惠英红说。

从没有当过母亲的惠英红，屡屡

● 2019年4月14日,惠英红在香港出席新闻发布会　吕小炜摄

凭母亲角色获奖。于她而言,最难忘的母亲角色,是《幸运是我》的芬姨,她用细腻的表演演绎了一位失智老人的孤独日常,第三次获得香港金像奖最佳女主角。

"我对剧组提的唯一要求,就是以我母亲为原型,按我母亲的造型和行为习惯来塑造角色。"惠英红默默用自己的方式向已离世的母亲致歉。当年,母亲也是罹患此症而她并不知情,留下了永远的遗憾,"希望社会更多关注和帮助这个病患群体"。

最期待与张艺谋导演合作

2019年4月14日,第三十八届香港电影金像奖颁奖典礼现场,惠英红凭借《翠丝》的表演获得最佳女配角。回忆当时情形,她笑着说:"其实我的心情很矛盾,既希望年轻人拿奖,又不希望自己输了丢脸。"

这些年来,惠英红一直在身体力

● 面对人生，惠英红自信满满　吕小炜摄
● 惠英红在接受采访后，参观新华社香港分社　吕小炜摄

行扶持新人。"很多新导演的制作都没什么资金，全部用新人会亏到很惨。如果我们能够参与，对他们至少是一种保证。"

惠英红并不同意港产片如今已衰落的看法："打个比方，过去香港电影年产400部作品，只有40个题材；现在年产40多部，就有40多个题材。过去产量大，现在精品多，特别是与内地的合拍片，出了不少精品。"

2009年，惠英红第一次到内地参与影视制作。"这10年进步太快了！"她感叹内地电影业的变化。"从题材创作、制作水平、编导表演，都让我这样——"她做出一个目瞪口呆的表情。"水平很高！我觉得很骄傲，有时都会害怕自己跑得不够快，追不上！"

惠英红：一树繁花别样红
视频记者：林宁
摄像：周锦铭　梁嘉骏
剪辑：梁嘉骏　周锦铭

她说，从《红高粱》起，就一直关注张艺谋导演的所有作品，很期待将来有机会和张导合作，和内地好演员好团队合作，"就像高手过招，会很过瘾"。

2019年4月16日，国家电影局宣布出台五项措施，支持港澳电影业在内地进一步发展。对此，惠英红表示很高兴，"香港年轻一代电影人有更多的机会进入内地，会为香港电影业带来更大的发展空间"。

拿下多个华语电影圈大奖的惠英红更期待到内地获奖。"我希望——"她拉长语调，"到北京，对，北京的电影节上拿个最佳女主角！"她调皮地一笑，仿佛当年那个初入影视圈的17岁女孩。

手　记

采访惠英红不容易。2019年4月中旬，她刚刚获得第三十八届香港电影金像奖最佳女配角奖，趁着热度，我5月开始联系采访。然而，人生开挂的惠英红档期满满，十分忙碌。几番联络，最后经纪人终于为我们挤出了两个小时的专访时间。

我们把主题聚焦在一位历练丰富的50多岁女性面对人生起落从头再来的勇敢和从容。采访中，惠英红谈兴甚浓，谈人生、谈奋斗，也谈到爱情和女人，展现了一个多姿多彩的奋斗人生。稿件播发后，不到24小时即突破百万阅读，这是文字、摄影、视频团队共同合作的成果。（陆敏）

人物志

故事 27

眼科医生周伯展：
让光明照进心田

张雅诗　闵捷

●2019年1月24日，周伯展在诊所接受采访　吴晓初摄

● 周伯展在诊所接受采访

吴晓初摄

香港九龙，弥敦道688号旺角中心，这座大厦的各层分布着不同科别的私人诊所，仿佛一座"直立式的医院"。眼科医生周伯展的诊所也设在这里，他已经在此执业行医整整30年了。

黄昏时分，结束了一天工作的周伯展坐在诊室里，深色西装，亮色的领结，表情轻松。"视觉第一中国行动""亮睛工程""特邀复明大使"……这些响亮的头衔以及各类锦旗、奖杯奖状、荣誉证书，诉说着周伯展作为一位眼科医生的荣耀。

医师生涯：开设私人诊所时全港只有80位眼科医生

周伯展说，眼睛是一个奇妙的器官，非常干净，容不下一粒沙子。作为资深的眼科医生，他更深知失去视力给一个人乃至一个家庭带来的痛苦。

"今天，我们对这个世界的认知，有90%是经过眼睛传到大脑的。"他说，现在信息科技发达，人们通过计算机接收各种各样的信息，虽然有声音信息，但大部分信息还得靠眼睛去看。

今年67岁的周伯展出身于普通家庭，20世纪70年代考入香港大学医学院，毕业后向更高目标进发，成功考取眼科医生的执业资格。"我们那个年代，香港还没有眼科的执业资格考试。"周伯展说，他于1980年在香港开始接受眼科专业的在职培训，1985年取得奖学金赴英国培训，一年后学成回港，此后又在公营医疗系统服务了三年。

积累了一定经验后，周伯展于1989年在旺角开设了自己的私人诊所。"当时全港只有约80位眼科医生，一半在公立医院服务，一半设立私人诊所行医。"他说，现在香港已有超过380名眼科医生，比过去多了近四倍。

如今，在香港成为眼科专科医生依然要"过五关、斩六将"，参加多个重要考试，并接受至少六年的在职培训。而随着香港眼科医学院在25年前成立，香港已经可以自行培训眼科专科医生，并给予他们专科执业资质。

周伯展说，科技发展一日千里，很多以前做不到的治疗，现在都能借助科技的突破而实现。"眼科是让人兴奋的一个领域，因此我很想投身当中，帮助别人复明。"

光明的事业：20年惠及600万人

谈及对内地最初的印象，周伯展回忆起童年时随父母及兄弟姐妹第一次北上的经历：那年五岁的他，随家人去了北京、上海、苏州、杭州和无锡等地，为期一个月的观光之旅，让幼小的他见识了祖国的辽阔，眼界大开。1986年从英国学成回港后，周伯展开始不时地与内地同行进行交流，对内地眼科疾病的了解日渐增多，促使他在内地开展多个复明项目。

"我在内地参与的第一个项目是1997年开始的'视觉第一中国行动'。起初，我们的目标是5年内在内地做150万例白内障手术。5年下来，我们做了220万例；国家认为我们做得不错，让我们再做一个5年。10年下来我们做了超过520万例。"

周伯展还记得在内地看的第一个病人是一名来自西藏的儿童，他因为受伤而得了白内障。"早上给他检查，下午就帮他做了手术。"他指着当年的照片说。"给他做完白内障手术，好了，高兴得跳舞！"他边说边翻看着昔日照片，回忆起病人复明的一刻，周伯展仍十分激动。

周伯展目前还担任亚洲防盲基金会副会长。基于基金会的资助，他们成立了医疗队，将集装箱货车改装成手术室，为有需要的人士提供服务。20多年来，周伯展利用自己的专长携手同行在内地做了超过600万例白内障手术。2012年，周伯展被评为"感动香港年度人物"。

发起倡议：建大湾区眼科医师联盟

虽然周伯展与同行不懈努力，为内地白内障患者复明，但内地白内障手术的需求依然很高。2006年，他与另一名香港眼科医生林顺潮从社会上筹募资金，开始在内地实施"亮睛工程"项目。他们协助医院培训眼科人才，建立扶贫眼科中心，致力于推广和实践不同模式的"扫盲"行动。"至今我们做了16万例白内障手术，培训了100多个内地眼科医生独立开展白内障手术。"

● 周伯展眼科诊所的墙上，挂着全国侨联 2011 年颁发给他的"播种希望 奉献光明"的牌匾　闵捷摄

周伯展说。

2018 年 8 月，粤港澳大湾区眼科医师联盟成立。作为倡议者之一，周伯展担任了大湾区眼科医师联盟副主任。该联盟旨在为粤港澳大湾区眼科医师交流搭建平台，积极推动大湾区城市间眼科医师的人才培养、技术交流、项目合作等。

周伯展说，内地的医学发展速度很快，以前是"跟着跑"，现在是"并着跑"，将来个别技术还会"领着跑"。他表示，目前香港的医疗还有两个优势值得内地借鉴：一是在公立医院之外，香港的私立医疗资源更为丰富，给市民更多的选择；二是分级诊疗制度更加严格，节约了宝贵的医疗资源。目前内地也在逐渐学习借鉴，他很高兴看到这个变化。

手记

周伯展是我采访过的唯一一位眼科医生，他非常健谈，从他的成长经历到他的专业、事业，娓娓道来，还不时幽默一下。采访之后，还经常能收到他发来的剪报，那是他在中英文报纸上发表的专栏文章，在专业之余还笔耕不辍，令人钦佩。这位 20 多年坚持到内地贫困地区为患者免费做白内障手术的眼科医生，携手同行 20 年惠及 600 万人，真的是功德无量。在他诊所的墙壁上，挂满了各地患者寄来的贺卡和祝福。因为专业，所以可敬；因为大爱，所以崇高。

（闵捷）

故事 28

画家李志清：
图解金庸的"武侠世界"

李滨彬　闵捷

●李志清在展示作品　　王中摄

李志清在工作室接受采访　王申摄

因绘制《射雕英雄传》封面和插图而结识金庸的画家李志清，在得悉金庸先生去世后为两件事后悔不已：一是几年前无意间错失了最后一次见到金庸的机会；二是他原打算2018年12月把自己设计创作的金庸小说人物的邮票手稿送给金庸，没想到金庸先行了一步。

在香港九龙荔枝角青山道的一座工业大厦里，坐落着李志清的工作室"青山水阁"。工作室的四壁挂满了他创作的武侠人物和山水画。20多年来，李志清根据金庸小说创作了数百幅插画、漫画和山水画，并多次受到金庸赞许。他对金庸的离去深感悲痛："怀念、感谢老先生给予我们那么美好的梦，那么丰富的快乐。"

邮票上的武侠——香港将首发金庸小说人物邮票

香港邮政计划于2018年12月6日发行"金庸小说人物"特别邮票一套六枚，小型张一张。李志清正是这组邮票的设计者。

这套邮票展示金庸笔下的一些重要小说人物和经典画面，包括《射雕英雄传》中的郭靖和黄蓉，两人背倚大雕，分别手持长弓和打狗棒，抵挡蒙古大军；《神雕侠侣》中的终南山活死人墓里小龙女卧躺麻绳铺，杨过端坐寒玉床；《书剑恩仇录》中的陈家洛牵马持剑，缓缓而行；《笑傲江湖》中任盈盈与令狐冲正琴箫同奏；《倚天屠龙记》张无忌修炼九阳神功；《鹿鼎记》韦小宝和康熙皇帝初识时比武打斗的场面。而小型张画的是《天龙八部》中的三位

- 金庸"走进"画中 受访者提供
- 金庸题词的插画 受访者提供

金庸先生五十九岁赴日本见围棋名家林海峰，并拜林海峰弟子王立诚急师对围棋的热爱，早在四十虚岁左右创作《天龙八部》中的《珍珑》棋局中即可看出

主角乔峰、段誉、虚竹，背景辅以《易筋经》和《六脉神剑》。

此次邮票发行还有一本小册子。"我画了 50 幅白描的太极拳在小册子内，当快速翻过时，便能看到连续的太极拳动作。"李志清边说边现场为记者示范太极拳动作。有很多人感慨：金庸先生离去，是不是意味着武侠时代的结束？李志清对此持否定态度："武侠精神自墨家开始有几千年之久，金庸先生大才，其武侠小说是天时地利人和创造出来的载体。武侠文化未来会以不同形式流传下去。"

画里画外的金庸——"回看射雕处，千里暮云平"

"我和金庸先生的缘分始于画金庸日文版小说封面和插画，然后就是《射雕英雄传》和《笑傲江湖》漫画，1998 年与金庸的明河社合组明河（创文）出版社，到 2002 年又为金庸小说第三次修订的大字版共绘画了 72 幅水墨封面。"李志清说，他十几岁就开始读金庸武侠小说。20 世纪 90 年代中期，由于一位日本漫画编辑的引荐，他在一个

李志清与金庸合影 受访者提供

饭局上第一次见到了偶像金庸先生。

"金庸先生特别有礼貌，是一位谦谦君子，一位很慈祥的老人。记得我问过他有没有什么座右铭，他说：'全力以赴，努力不懈。'"李志清回忆。《射雕英雄传》的漫画，是李志清和金庸最早合作的一部漫画，李志清花了整整三年零八个月的时间，画成了38本漫画。后来，这部作品也成为被翻译版本最多的一部作品，发行到新加坡、马来西亚、泰国、日本、韩国、印度尼西亚、法国等地。

李志清画的金庸小说人物自成一派，更加入了他的独特创意。有趣的是，他还将金庸本人的形象画到了其武侠小说的经典场景中。在李志清的画中，你能看到各个年龄段的金庸"走进"画中，和其武侠小说中的人物融在一起：

——金庸19岁那年，在"中央政治学校"外交系就读，常在一条窄窄的长凳上一睡几个小时而不会掉下来。后来金庸在《神雕侠侣》中描写小龙女躺在一根绳索上睡觉的经典场景就来源

人物志

于此。

——金庸35岁执导电影，同年创作《射雕英雄传》，李志清把金庸先生拍电影的场景和梅超风画在一起。

——金庸59岁时，赴日本见围棋名家林海峰，并拜林海峰弟子王立诚为师。他对围棋的热爱，早在40岁左右创作《天龙八部》中的"珍珑棋局"中可以看出。李志清将金庸先生和《天龙八部》中星宿老怪等高手画在一起，让高手围坐在金庸先生旁，共同猜想棋局。

——金庸74岁时，李志清画了一幅郭靖骑马射雕的长画拿给金庸先生题词，金庸题"回看射雕处，千里暮云平"。

为了表达对金庸的尊敬和喜爱，2017年香港文化博物馆金庸馆开幕时，李志清担当策展人，策划了为期三个月的"绘画·金庸"展览，展出了他画的100多幅与金庸有关的画作。

传统文化之根——金庸小说元素成创作"药引"

金庸对李志清画作评价颇高，称赞他画的武侠男子漂亮、潇洒。他1997年时为李志清题词："飘逸画笔，画风云人物。"2007年，台湾出版了《金庸散文》，金庸先生专门寄给李志清一本散文集，并在扉页上题词："李志清先生，可惜这本书没有你的插画。"

"金庸武侠小说里面蕴含着中国传统文化的根，例如降龙十八掌讲的是《易经》，招式名称都取自《周易》；独孤九剑蕴含的是'无用之用乃为大用'的庄子哲学；独孤九剑无招，随对方的招式而定，遇强愈强。金庸小说的每一种功夫都藏有不同的哲理，也令我思考如何将哲学无招胜有招地置入绘画中。"李志清介绍，在他看来这些已经不再是剑招，而变成了绘画的手法，甚至成为创作的"药引"。

画金庸小说人物20多年来，李志清从最初画武侠小说插画、封面、漫画，到渐渐开始有更多发挥的水墨画，不断寻求突破创新。智勇双全、有情

香港画家李志清：图解金庸的"武侠世界"
视频记者：陈其蔓
摄像：梁嘉骏
剪辑：梁嘉骏 陈其蔓

有义的萧峰，侠之大者、为国为民的郭靖，潇洒豁达、敢爱敢恨的令狐冲和任盈盈……这些经典金庸武侠人物被李志清用画笔进行了再创作。由金庸小说延伸出来的三种主要的绘画创作：插画封面、漫画和水墨画，只有李志清一人是三者都有涉猎。

李志清最喜欢的金庸小说人物是潇洒自在的令狐冲，他希望自己也能像令狐冲那样做到出淤泥而不染，达到游走于出世与入世之间的境界。

从画家的审美角度看，李志清认为金庸笔下最美的女子是小龙女，"虽然金庸先生对小龙女的美正面描写不多，比较抽象，但这种内在的和想象中的美恰恰是最美的"。李志清认为金庸笔下武功最厉害的是扫地僧、独孤求败、王重阳，他们在小说之外，出神入化。

李志清理解的武侠精神，要分开"武"与"侠"。"武"不是冲动，是有能力了还有心去帮助别人；"侠"的精神，正像金庸先生所说的，最高是"侠之大者，为国为民"。在武侠世界中的对决，不是你死我活，而是刀光剑影的沟通，在过招间惺惺相惜衍生情谊。

手 记

认识漫画家李志清先生，是在做武侠美食报道时，与他交流了很多关于武侠文化和金庸先生的内容。他还参与了香港首套金庸武侠邮票的设计和绘画。2018年10月30日，金庸先生在香港逝世，引起巨大波澜。听身边人谈谈近距离接触过的金庸，又成了我们的采访选题。

金庸先生创造的武侠世界，让人回味无穷，给予我们超脱世间的奇妙想象，他为我们创造的为国为民的侠义精神，让我们看到向善的力量。（李滨彬）

故事 29

科学家容启亮：
登月之路有多长？

张雅诗

● 香港理工大学工业及系统工程学系讲座教授容启亮在记者会上　吴晓初摄

"看见探测器在月球成功着陆，兴奋了一阵，等到晚上知道它能转动，这才放下心头大石。"科学家容启亮口中的"它"，就是由他牵头研发、在2019年1月3日随嫦娥四号历史性登陆月球背面的"相机指向系统"。

未曾到过宇宙太空，却成功研发出多款精密的航天仪器，现任香港理工大学工业及系统工程学系讲座教授的容启亮，既掌握丰富的学术知识，也具有广阔思维。他丰富想象力的形成，在其成长历程中就有迹可循。

童年想法满天飞

20世纪50年代，香港一般家庭收入不高，几个家庭合租一套房子十分普遍，在这样的环境下长大的容启亮偏偏兴趣广泛，摄影、音乐、艺术……若要满足自己的各种想法，就得自己动脑筋想办法实现。

"当时只有六七岁，没有什么资源，也没有玩具，在街上找些弹珠来玩，但一定要在凹凸不平的沟渠盖上打弹珠，这才刺激。"容启亮说，他小时候特别顽皮，而且勇于尝试。容启亮在少年时期对摄影产生浓厚兴趣，更在其就读的中学创立了摄影学会，成为第一届会长。然而，当时相机属于奢侈品，并非一个普通中学生能负担得起。

没有相机，怎么拍照？容启亮就捡人家不要的镜头等器材，然后"造一个箱子，找一块玻璃，下面安装一盏灯，就成了一台相机"。以前拍照用的是胶卷，怎么洗照片？"钻进床底下就是了。"他表示，只要遇上感兴趣的事物，就算多困难他都会坚持学习，他在小时候还学会了拉小提琴。

容启亮成长过程中的资源匮乏，倒成为激发他创意的"启蒙老师"，加上不轻易放弃的性格，无形中造就了今天具备科学家头脑和精神的他。"我年轻时对工程非常感兴趣，但也没想过会走到现在这一步。"他说。

1995年，容启亮获俄罗斯邀请为和平号空间站研制供航天员做精密焊接之用的"太空钳"；2003年欧洲的火星快车任务，他获邀开发"岩芯取样器"；他还为2011年中俄合作的探测火星任务设计和研发"行星表土准备系统"。

"港产发明"两度登月

容启亮带领其团队研发的"相机指向系统"于2019年1月随嫦娥四号升空，实现人类探测器首次月球背面软着陆。其实这已经是这款"港产航天仪器"第二次参与国家探月任务。他说，"做航天仪器讲求经验，你的发明曾经上天，就是说你所研发的仪器能通过所有航天认证机构的测试"。

中国空间技术研究院大约10年前到访理大，为"相机指向系统"的研发揭开序幕。容启亮回忆说，当时该院的副院长向理大团队提出了设计和研发这件航天仪器的技术要求。"他们没有很仔细说要什么仪器或功能，就由你去设计和研发，由你告诉他们这件仪器是可行的。"

容启亮和团队拥有扎实的科研能力，在没有既定蓝图的情况下，他们运用丰富的创意和创造力，花了两年时间成功研发出"相机指向系统"。"我们不光是制造一件仪器出来，每一个阶段都要评审，通过了，然后才到下一个阶段。"

容启亮表示，他们在研发"相机指向系统"的过程中与中国空间技术研究院保持紧密合作。

2013年，"相机指向系统"随嫦娥三号在月球正面软着陆。这是国家探月工程首次采用香港研发和制造的精密航天仪器，它能协助拍摄月球图像和帮助控制中心指挥月球车的活动。接下来，容启亮和团队将参与嫦娥五号的月球任务，以及国家稍后进行的首次火星探索任务。

"终极挑战"——研发精密航天仪器

位于理大校园内的"创新馆"专门辟出一个展区，介绍该校在航天科技方面的成果。银白色的"相机指向系统"模型矗立在众多展品中，显得格外醒目。

"转动的角度要很准确，而且要靠不同角度拍照，将两张照片叠起来，就能形成立体的效果。"容启亮扶着他的心血结晶，向记者示范它的操作方法和原理，脸上流露着满意的笑容。

这件航天仪器从研究到制造均在理大进行，设计十分精密。它重 2.8 公斤，长 85 厘米、宽 27 厘米、深 16 厘米，安装在嫦娥四号着陆器的顶端，能够垂直移动 120 度、左右旋转 350 度，并可在月球引力下正常运作。团队在研发过程中克服了多项挑战，包括要使仪器抵御月球低温、具备防震能力和抵抗冲击等。

容启亮十分重视他的研发品能否发挥作用，他形容航天工程及其应用为"终极挑战"。"如果（仪器）弹不上来怎么办？所以不能出错，每一个程序，只要有一丁点儿错误就操作不了。"他说，如果"相机指向系统"不转动，360 度环拍的全景图就没有了。

揭开月球背面的神秘面纱，那是一片崎岖不平之地，嫦娥四号就着陆在许多小环形坑中间，该处相比嫦娥三号在月球正面的落区，有较少石块，显示可能暴露时间更久，年龄更古老。"这是挺重要的仪器，国家都放心交给我们做，显示国家信得过香港的科研。"容启亮认为，国家对香港科研充满信心才委以重任。他坦言，香港一向比较多引进别人的技术，很少有自己研发的科技产品，在国家的支持下，相信香港未来在航天等方面的科研发展将有更好前景。

手 记

容启亮教授由一名平凡的香港少年成长为国际知名的科学家，为国家航天事业做出了贡献。其实，他并没有刻意为自己经营这条路，他的父母也没有给予他特别的栽培，正如他在访谈中所说："没想过会走到现在这一步。"采访中，容教授言语间并没有很多金句或大道理，他更乐于分享童年往事，笑言小时候顽皮的他，被妈妈体罚是"家常便饭"。事实上，容教授本身的故事和经历有很多值得大家借鉴的地方，尤其他一直专注于自己喜欢的科学范畴，积累了丰富经验，当机遇到来，即使如他这般出身平凡的人，也一样能一飞冲天。（张雅诗）

故事 30

"湾仔码头"臧健和：
狮子山下的奋斗传奇

张晶　战艳

● 臧健和在展示她冰箱里的"湾仔码头"水饺　李鹏摄

知名品牌"湾仔码头"创办人臧健和日前离世，享年73岁。人称"臧姑娘"的她20世纪70年代从内地流落香港，为谋生计，她靠推着一辆木头车在湾仔码头摆卖水饺起家，成为狮子山下白手起家的奋斗传奇。她的故事在1995年被香港无线电视台拍成电视剧《水饺皇后》。2019年2月12日，多家香港媒体在显著位置刊登了臧健和去世的消息。

2017年6月，记者采访臧健和时，她住的是200多平方米的"豪宅"，窗外正对着一大片墓地。臧健和说，当时挑选房子就看中了这里的风景，经常对着墓地能让人想明白很多人生道理。

1945年出生于山东的臧健和，早年因家贫辍学，后在医院当护士。期间，她遇到一名泰籍华人医生，两人很快结婚，并育有两女。1974年丈夫返回泰国继承遗产。1977年，臧健和带着两个女儿去泰国投奔丈夫，却发现他已另娶了别人。臧健和带着女儿离开泰国，辗转来到举目无亲的香港。

因为不懂广东话，谋生艰难，她只好每天工作20小时，做洗碗工、当清洁员、当夜间诊所护士，但第二年因腰骨受伤，失去工作，住院期间更查出患有糖尿病。当时香港还没开通地铁，人们主要通过坐船往返港岛、九龙。于是，"打从娘胎里就喜欢吃饺子"的臧健和，自制了一辆木头推车，忐忑地在湾仔码头摆起了水饺摊。

一段传奇故事就此展开。从摆小摊到建立小工厂，再到占据超市冰柜速冻水饺的大半江山……至20世纪80年代中期，"湾仔码头"已成为香港家喻户晓的品牌。如今，在香港大小超市冷冻货柜内，几乎都摆放着"湾仔码头"的产品。

采访中，她仍记得自己第一天摆摊的情景。当时很多香港人对北方水饺没有概念，因为南方水饺更像大馄饨，馅料也以鱼虾为主。臧健和水饺摊的第一批顾客，是五个穿校服的学生。他们好奇地问，这是什么东西？臧健和说，是北方的水饺。当臧健和端出五碗热腾腾的水饺递给他们时，既兴奋又紧张。而五位年轻人尝完第一口水饺之后的一句赞叹"好好吃啊！"在臧健和看来，那是世界上最美的语言。

然而，开张顺利之后还是迎来了来自港人口味的挑战。她发现，大部分光顾水饺摊的顾客是从内地北方省份来港谋生的人，而祖籍广东、福建一带的人，仍不接受"厚得像棉被"的饺子皮。在经历了一次顾客的"埋怨"之后，她苦思如何改良水饺皮令其更适合香港口味但又不失北方水饺的特色，如何从白菜猪肉馅的传统水饺出发，开发一些南方人喜爱的鲜淡口味……

"既然在香港，我就要改良我的水饺，做他们爱吃的口味。"刻苦钻研的精神，加上护士出身的她特别强调饮食卫生，她的水饺越来越受到大家的喜爱。慢慢地，摊点前开始排起了长队。

她说，卖饺子是为了谋生养女儿，"客人来吃饺子，都是在帮我过日子，他们是我的朋友，我用最好的菜和肉，煮出最好、最认真的饺子来答谢他们"。

有顾客建议她给水饺起个名字，她抬头看了下川流不息的湾仔码头，这是她们母女三人在香港命运转折的地方，在这里她收获了大家的信任和喜爱，浓浓的感恩之情让她几乎脱口而出："就叫'湾仔码头'吧！"

一年多前接受记者采访时，臧健和谦和又十分健谈，言语间还带着较浓的山东口音。谈起自己的创业经历，滔滔不绝，采访中还笑着问："我的口红要不要补一点儿？"而当时的她，由于长期糖尿病及其他病痛，一只眼睛视力已极其微弱，每周还要去医院洗肾……

被问及香港回归前很多人都要移民，有没有想过？她斩钉截铁地说："吃饺子的人在中国，我不走！"

虽然已把公司交给别人打理，但她仍喜欢在家试验各种水饺食材搭配。"我喜欢研究怎么擀皮子最劲道，蔬菜与肉的比例怎样最营养、最健康。我最近还打算开发一种新的水饺，把甜嫩的南瓜苗加进去……"接受采访时，臧健和打开家里的冰箱，里面是各种最新款的"湾仔码头"产品，还有她自制的试验品。她邀请记者品尝各种水饺，并温柔地问，好吃吗？有什么要改进的？

她曾说过，小小的水饺中蕴藏着大智慧，它最百搭，无论用粟米和虾仁，

记者张晶与臧健和合影　李鹏摄

还是西洋菜和鱼肉,不同的馅料搭配,都能产生奇妙的化学反应,包容性很强。也正是这种多元性,让水饺成为中国传统文化的重要符号。

虽然历经坎坷,但臧健和晚年享受温暖幸福的天伦之乐。大女儿帮她打理生意,小女儿在金融机构工作。在臧健和家客厅的墙上,挂满了一大家人各种甜蜜照片,还有一幅是女儿送给母亲的画。画中母女二人相互依偎,画作下面写着"妈妈,现在你是我的女儿"。

臧健和说,女儿写过一篇题为"妈妈笑了"的作文令她印象深刻,女儿在作文中写道,当卖出第一碗饺子时,看到妈妈笑了,这是她受伤后第一次笑。臧健和说,两个女儿读了大学,能做有用的人,这是自己一生中最值得骄傲的事。

采访中,谈起自己人生经历的苦难,她从来不回避,更不抱怨,像说起别人的故事一样轻松。虽然臧健和已离世,但她白手起家的奋斗故事,将继续激励更多人前行。

手记

2019年2月12日,还在家里坐月子的我,看到了73岁"水饺皇后"臧健和去世的消息,感到非常悲伤。记得那是2017年6月的一天,我去她家采访。那天她的精神、气色都非常好,谦和又十分健谈,言语间带着较浓的山东口音。谈起自己的创业经历,更是滔滔不绝。后来我才知道,因为长期糖尿病及其他病痛的原因,她一只眼睛的视力已经极其微弱,每周还要去医院洗肾。我问她,香港回归之前很多人都要移民,你有没有想过?她斩钉截铁地告诉我,吃饺子的人在中国,我不走!对经历过的苦难,她从来不回避,更不抱怨,像说起别人的故事一样轻松。相信在另一个世界,她也会继续坚强而乐观。

(张晶)

故事 31

跨界摄影师李秀恒：
用镜头讲述中华多民族节庆故事

陆敏

●2019年7月15日，李秀恒出席摄影图集《节庆》精选作品展开幕仪式　吕小炜摄

2019 年 7 月第三十届香港书展刚刚落幕。在美国《国家地理》杂志展区，由香港摄影师李秀恒结集出版的中英文摄影图集《节庆》吸引了不少读者的注意。

人称"钟表大王"的李秀恒是香港经营钟表业的商人，曾任香港中华厂商联合会会长，获颁过香港特别行政区金紫荆星章。与此同时，他热爱摄影，是香港知名摄影师，在多家媒体开设专栏。《节庆》是李秀恒继 2018 年出版"一带一路"国家和地区的个人摄影集《带路》后，第二次与美国《国家地理》杂志合作。这名跨界摄影师，是一向以高标准著称的美国《国家地理》杂志为之出版摄影专辑的第一位华人。

地理的百科全书　多姿多彩的节庆文化

李秀恒的《节庆》之旅是从 2016 年云南芒市的一次傣族泼水节开启的。当时芒市一万多人参加了活动，一支支表演队伍身着不同服装，欢乐地相互泼水祝福。李秀恒说，云南的泼水节"规模浩大"，令他"大开眼界"。

因生意关系，李秀恒很早就进入内地与多地经贸往来密切。他发现，少数民族节庆活动最能反映出民族风格和传统文化。"少数民族有一个共同点，就是不管身在何方，每到民族传统节日，都会返回家乡，与家人共同庆祝。"李秀恒认为，中国人对家族观念和家庭伦理非常重视，"这种凝聚力，也许就是中华文化和民族能够延续数千年而不衰的根源"。

从那以后，热爱摄影的李秀恒背上相机，用三年多的时间行走数千公里，深入 16 个少数民族地区，藏族雪顿节、土族纳顿节、满族颁金节、彝族火把节、瑶族盘王节……无数个带有浓郁民族氛围的节庆场面被他摄入镜头。

"中国真是一个地理的百科全书。"李秀恒由衷地说，这里有大江大海，有盆地有高原，有冰川也有沙漠。在这片广袤的土地上生存着的不同民族，有各自的语言文字、习俗文化和宗教信仰，延续千年还能保存完整，并且共通共融，非常不易。"在地理书上看过，跟自己亲身走过，感受完全不一样。"在北京故宫拍摄时，那亭台严整、庄严恢

●李秀恒的摄影图集《节庆》在第三十届香港书展展出　吕小炜摄

宏的场面令他心生感动，"身为炎黄子孙的自豪感油然而生"。

拍摄三五天　筹备几个月

到少数民族地区拍摄，交通不便，习俗多样，难度可想而知。"拍摄节庆活动本身可能只要两三天，而到哪里拍、拍什么、怎么拍、重点拍什么等前期工作可能要花上好几个月。"李秀恒说，行前要对相关民族的历史演变、文化习俗等进行了解，进行多方面准备。

每次出去拍摄，他至少要背两个相机、四个镜头，如此沉重的装备，单是行走，都不是易事。在高原地区，他要靠药物缓解高原反应。在寒冬时节，他到东北查干湖拍摄原始捕鱼，为了在冰湖上行走，他专门买了带鞋钉的橡胶鞋套，即便这样，还是摔了好几跤。

"少数民族地区民风淳朴，但要格外留意文化差异并给予尊重。"李秀恒说。在宁夏拍开斋节，他的拍摄申请已获准，但到了现场仍被信徒阻拦，只允许开场时拍摄五分钟。他只好抓紧时机，留下了小净、诵读、叩头等珍贵镜头。在西藏哲蚌寺，经反复沟通，他获准以镜头记录下僧人之间激烈辩经的场面。

在青海湖畔，李秀恒看到牧民在路边种庄稼，身后是一望无际的高原，景色辽阔壮美。他上前攀谈，热情好客的牧民请他进门做客，在藏式帐篷里，他为他们全家七口人留下了和美温馨的全家福，也留下了传统藏区牧民居住方式的记录。出门摄影并没影响李秀恒的生意，他在行走中发现了很多商机："少数民族传统服装的色彩、选料、剪裁等元素都可以借鉴和吸纳，对服装企业会有启发。"

传播中国文化　图片是个好工具

"我们出版这本摄影集，希望为想要认识中国的读者提供一个'以图像说故事'的阅读途径。"《国家地理》杂志中文版营运长蔡耀明表示，中国在国际上的影响力越来越不容忽视，人们对中国的兴趣也越来越高。

"《国家地理》看中的是我的图片原汁原味，我看中的是他们的全球发行

● 展览开幕仪式上嘉宾手中的《节庆》摄影图集　　吕小炜摄

网络。"走遍中华大地,李秀恒多了一份传播中华文化的使命感。"我希望我们的中华多民族文化被更多人了解。"

"以前读过的诗词歌赋,到了现场,一下就领悟了其中意境!"在西安秦始皇兵马俑,他立刻领悟到秦始皇"天上有鲲鹏,展翅傲苍穹"的壮阔心境;在内蒙古大草原上看蒙古族男儿引弓长射,他会蓦然想起"会挽雕弓如满月,西北望,射天狼"。

眼下,《节庆》精选作品展正在香港举行。李秀恒把名家诗词和自身感悟用硬笔书法抄写在每幅图片下,图文相配,再盖上自己的红色印章,就像一幅幅现代版的中国画。

身为香港中文大学的客座教授,李秀恒表示,香港年轻人对中华文化的了解还远远不够,"教育需要技巧,技巧需要工具,图片就是一个好工具"。《节庆》出版后,他考虑与政府教育部门合作,在学校对中华文化进行推广和分享。"在新中国成立70周年之际,出版《节庆》来表示庆祝,很有意义,也是我作为中国人的一点儿心意。"

手 记

获悉跨界摄影师李秀恒出版有关少数民族节庆活动的摄影集的消息后,我决定采访这位摄影师,了解一位香港人在走遍祖国大江南北之后的感受与思考。李秀恒是一名成功商人,同时是一位知名的摄影师。采访中听李秀恒说了他走访16个少数民族、行程数千公里的故事,感受最深的是,他谈道,香港地方狭窄,很多人视野不够开阔,应创造机会让更多的香港人到内地走一走。
(陆敏)

故事 32

"毛笔世家"传人张虹霓：
以老手艺弘扬中国传统文化

闵捷　洪雪华　朱宇轩

●2018年6月26日，张虹霓在毛笔博物馆内展示用槟榔果实现场制作的毛笔　李鹏摄

香港九龙土瓜湾，一条不太起眼的小街。"香港毛笔博物馆"，金字招牌，赫然醒目。推开玻璃门，里面暗藏乾坤：四面展架上珍藏着玉石、鲸鱼牙齿、飞鼠毛、马鬃毛等材料制成的毛笔，馆内正中匾额下方，悬挂着一排大幅老照片，那是张家曾太祖父张鼎龙和六代制笔传人的画像。一条长案上摆着各式制笔工具，一位蓄须长者正坐在案前制作毛笔。这位长者是清朝宫廷制笔手艺第五代传人张虹霓。他继承先祖们的制笔技艺，在香港这家创办40多年的毛笔博物馆里，延续着"毛笔世家"的家族传承。

"嘉庆年间，曾太奶奶九岁入宫学习制笔"

张虹霓从柜中取出一个古色古香的长方形紫檀木盒，盒面刻有十二生肖浮雕，盒中用红布裹着一支青铜笔杆的毛笔，笔头散开呈菊花状。"这是我曾太奶奶的手艺，我们家的传家之宝，清代道光皇帝御用的'大清一统'笔。"抚着传家宝，年近七旬的张虹霓口音中还带着京腔京韵。

张家制笔素有家学。张虹霓的曾太祖母张杨氏是满族人，九岁被选入宫学习制作毛笔。心灵手巧的她很快发现用卷烟的方式制得的笔头更精细顺手，于是，张杨氏凭借一手轻拢慢捻制成的"大清一统"青铜菊花笔头毛笔，得到了清代道光皇帝的赞赏，并用作朱批御笔。

张虹霓的曾祖母张陈氏善制湖笔和胎毛笔，祖母张段氏精通胎毛笔，母亲张翁氏则涉猎各类毛笔。张虹霓生长在制笔世家中，自幼耳濡目染，对制笔的热爱也悄然萌发。年幼的张虹霓说服祖母教他制笔，打破了张家制笔技艺传女不传男的传统，七岁时便师从祖母和母亲，开始学习制作毛笔。

20世纪70年代，一对贺喜胎毛笔重燃制笔热情

"这是我来香港做的第一对胎毛笔。瞧，龙衣蟒袍，多吉利！"张虹霓从展架上取下一对笔杆以蛇皮装饰的胎毛笔，回忆起他当年到香港后如何重拾制笔热情的往事。

张虹霓1969年来到香港。为了宣传毛笔制作技艺，他在不同路口摆摊，参加各类活动。但彼时香港无人重视毛

笔制作，苦于无法维持生计，张虹霓转而在一家制鞋厂做学徒学习制鞋。

1970年，张虹霓鞋厂老板的儿子出生，大摆满月酒。按规矩，员工得为老板包个大红包，以表"孝敬"。揾食不易，一个月只得280港元的张虹霓实在拿不出150港元的礼金。苦思冥想中，他灵光一现，何不用家传制笔技艺做一对金色蛇皮"龙衣蟒袍"胎毛笔？老板见到这对精心制作的胎毛笔大喜，却不知这位20岁出头的年轻人，是满清宫廷制笔世家的第五代传人。

正是这对金色蛇皮胎毛笔，让张虹霓的毛笔制作工艺走进了大众视野。越来越多人请张虹霓制作胎毛笔。随着名气越来越大，生意也越来越好，张虹霓自立门户，专心制笔。

"80后"制笔人：传统与现代混搭

不同于其他毛笔的古意，博物馆一个展架上的毛笔极具现代气息——一支支3D打印机打印出来的白色笔杆，上面插着传统毛笔笔头。张虹霓告诉记者，这是伯裘书院学生的作品。"学生们都不拘泥于老手艺，他们用新技术制笔。"

为了提高香港学生对中国传统文化的认识及书画的能力，伯裘书院举办了有关毛笔制作及书法学习的活动，并邀请张虹霓担任顾问和导师。张虹霓会与学生们分享毛笔制作的方法，他说："以后希望向更多香港中小学推广毛笔制作工艺，弘扬中国毛笔文化。"

令张虹霓欣慰的是，儿子张振宇继承了他的毛笔制作技艺，成为张氏制笔技艺的第六代传人。"我自小生长在制笔之家，对传统毛笔制作技艺耳濡目染。我希望通过赋予毛笔新的寓意，弘扬中国传统文化。"作为张氏制笔第六代传人，张振宇任重道远。

现如今，张虹霓致力于丰富毛笔博物馆，他组织"一人一笔一故事"项目，向社会各界征集跟毛笔有关的人和故事，修复、收集毛笔，并于2018年3月和6月在香港大会堂举办了与毛笔文化相关的展览，矢志不渝传播和拓展与毛笔相关的传统文化。

● 在"香港毛笔博物馆",张虹霓展示学生们的书法作品　李鹏摄

● 在"香港毛笔博物馆",张虹霓向参观者介绍家族制作的毛笔　李鹏摄

手 记

　　作为文房四宝之一,毛笔是历代很多文人墨客的心头好,而传统手工制笔的学问之大、历史之悠久,也非一般人所能想象。一说起毛笔就滔滔不绝的张虹霓,更是从笔头、笔杆、笔帽的材质与工艺,再到各种动物乃至人的毛发,都说得头头是道。因为家族世代制笔,他不仅爱上毛笔,也爱上书法、绘画,爱上文物,并组织各种活动推广中华传统文化。这篇稿件播发几个月后,记者在香港理工大学举行的第五届"孔子学院日"上再次见到他,这一次,他是作为毛笔书法比赛的评委,而他带来的毛笔展览则展示了多款古代毛笔和墨宝。这也是他第一次把中国传统手工艺毛笔文化艺术带进香港的高等学府。张虹霓说:"希望能够加深观众对中国传统文化的认识,让人们热爱书法、写好汉字,做一个有艺术品位的中国人。"(闵捷)

人物志

4 众生相

故事 33

"盲人电影院"：
让心"看见"

洪雪华

●口述影像员赖子全在工作。他把影像转化为言语，协助视障人士理解无法接触的视觉信息。 王申摄

● 视障人士在志愿者的带领下陆续进入香港盲人辅导会的一个小礼堂，准备"观看"口述电影《无双》 王申摄

玫红色大门被推开了。颤抖的脚尖轻轻试探后，徐恩乐的身体重量才落下来，右手中细长的白色盲杖在褐色木地板上发出清脆响声，她找到了自己的座位。

电影开始了，徐恩乐不敢离座。一旦起身离开，思路就会中断，返回时就不明白电影在讲述什么。"就算想上洗手间，我也会忍到最后。"

一个非正规的电影院，放的一次"非正规"电影。"观看"者，都是盲人。"盲人电影院"是香港盲人辅导会的一个小礼堂。礼堂里，80把橘色折叠椅整齐排列，一块白色大幕布悬挂在小舞台中央。身穿粉色衬衫的口述影像员赖子全就坐在礼堂正后方。明暗交替的光影里，他的身影渐渐被吞没，但他的声音却在电影的声道里回荡。

131分钟，50多个小时

"口述要在短短几秒钟的无对白间隙内恰到好处地完成。"处于半退休状态的赖子全，曾是位意气风发的风险投资人，如今志愿兼职香港盲人辅导会的口述影像员。

电影《无双》时长约131分钟，赖子全细分为20个片段，从练习到彩排，需要50多个小时。"我不记得看过多少遍电影，修改过多少次口述稿。"据香港特区政府统计处2015年公布的"残疾人士及长期病患者"报告书显示，香港目前有17.5万人有视觉困难（视障），占总人口的2.4%。香港盲人辅导会成立于1956年，致力于为香港视障人士提供服务。其中包括口述影像员，他们将影像转化为言语，协助视障人士理解视觉信息。

2014年，经过近半年的培训，赖子全用广东话口述了第一部电影《圣诞玫瑰》。当时，他用余光悄悄观察视障

● 在香港盲人辅导会的一个小礼堂，口述影像员赖子全在工作　王申摄

人士，思索他们是哭还是笑。

成为口述影像员的第一天，赖子全被告知口述时不能夹杂太多情感。有一次彩排，他讲述得声情并茂，结果被口述影像顾问狠狠数落了一顿。还有一次口述恐怖电影《迷离夜》时，赖子全故意压低声音。电影结束后，一位视障人士对他说，"你的声音不清楚"。为此，他报名参加了语言技巧课程。

"电影《无双》获奖无数，导演庄文强，电影讲述犯罪天才'画家'与造假天才李问联手造出超级伪钞的故事……"赖子全彩排了两三次，为了寻找可能漏掉的细节，他会闭上眼睛，静静听电影。

"电影开始。无声画面，领衔主演周润发。用鱼骨当画笔黏起颜料，在画纸上勾画出精细的花纹。领衔主演郭富城，走廊对面囚室一个本地老囚犯盯着。字幕：张静初、冯文娟。"

赖子全就像"声音魔法师"。他写了几十张口述稿，但最终只留了七张。口述稿总会修改到最后一刻，但他不想背熟。口述稿上，当电影对白"有无兴趣玩呀"出现，半秒之内他口述道：李问靠近，看看众人，拿出钱包。

循着声音，重回影像世界

开场前，赖子全问："谁是第一次听口述影像？"人群中零零星星举起了几只手，在场的视障人士大都是"盲人电影院"的常客。

2009年，香港盲人辅导会首次举办口述影像活动，填补了香港口述影像服务的空白。"盲人电影院"位于深水埗南昌街的十字路口，到达大门口需要经过两个红绿灯，徐恩乐早早把白色盲

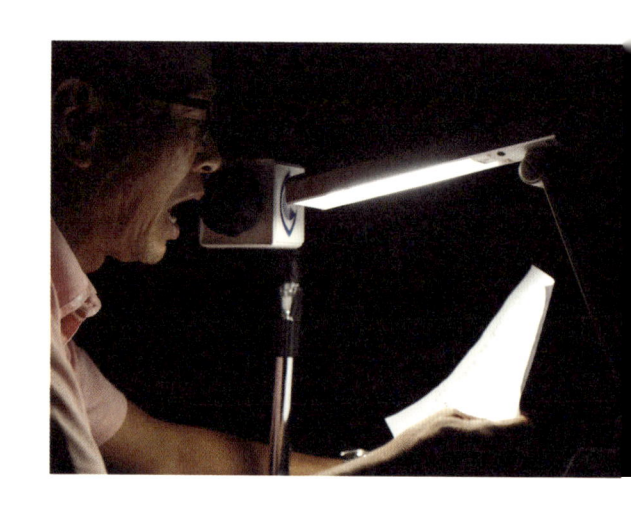

● 在香港盲人辅导会的一个小礼堂，视障人士林颖芝的导盲犬趴在地板上和主人一同被电影吸引　王申摄

杖折叠起来放入包中。听了近30部口述电影，她已熟门熟路。2006年，徐恩乐查出"视网膜病变"，仅剩一成视力。"走到哪儿都免不了磕磕碰碰，起初是路边的栏杆、消防水龙头，后来连婴儿车也会撞到。"

小时候，她喜欢坐在母亲身旁一起看电影。长大后，电影院仿佛是第二个家。"感觉生活一下子失去了很多色彩。"整整六年，徐恩乐没有踏入电影院。

六年后，偶然得知香港盲人辅导会将举办一场《三傻大闹宝莱坞》口述电影活动。"听说是专门讲给视障人士听的，我可以重新'看'电影了？"

"感觉回到了以前看电影的地方！口述影像员讲得很生动细致，电影里有

众生相　165

三个主角,他们衣服的颜色,他们互相追逐的场景,我都能想象到。"

第一次听口述电影,徐恩乐的脑海中久违地浮现了彩色的画面。但电影里回忆过去的部分是最难反应过来的。尽管赖子全尽力描述细节,但没有画面的辅助,每当情节倒叙或剧情反转时,不少视障人士都晕头转向。

林颖芝急坏了。"我不清楚电影最后发生了什么!"林颖芝听过20多部口述电影,每听完一部电影,她总有很多疑问。电影结束了,徐恩乐和带着白色导盲犬的林颖芝叫住赖子全,她们有一个疑问:谁是真正的"画家"?赖子全解释:"'画家'是郭富城饰演的李问虚构出来的,李问才是'画家'。"徐恩乐和林颖芝恍然大悟。

口述影像,现身香港电影院

徐恩乐每次戴上耳机听完电影,她和朋友们总有聊不完的话题,足够回味好几天。

2018年,香港两间电影院开始提供口述影像设备。视障人士可以坐在真正的电影院里,戴上耳机接收口述影像的描述。更幸运的是,部分电影光盘也录制了口述影像声道,视障人士可以选择不同语言:普通话、英语、广东话。徐恩乐买了好几张电影光盘,有文艺片、悬疑片。

自2009年以来,香港盲人辅导会举办超过300场电影欣赏会,参加总人数近18,000人。此外,香港盲人辅导会已为17张电影光盘录制口述影像声道。起初,香港并没有真正的"口述影像"。一些口才好的广播人或者电台主持人受邀到香港盲人辅导会为视障人士讲电影。那时候,他们一边看着电影,一边拿着剧本解读,有时还会讲得天花乱坠。

2010年开始,香港盲人辅导会每月播放两部口述电影。2011年,香港盲人辅导会开办工作坊,培训了香港首批口述影像员,目前活跃于电影银幕前的约有30位。"口述影像员要客观描述电影,我们只能在没有对白的地方插入口述旁白,不能与电影对白重叠,否则会影响视障人士理解。"赖子全说。口

● 香港盲人辅导会的一个小礼堂，挂着白色盲杖的长者"看"完电影后，在志愿者的带领下，向口述影像员表达谢意。左三为赖子全　王申摄

述影像的电影片源才是难题。只有部分电影有录制口述声道，提供口述影像设备的电影院也很少。

如今，香港已有多家非营利机构提供口述影像服务，但香港口述影像服务尚属起步阶段，且无相应法例，社会对口述影像也认知不足。此外，口述电影的放映需要得到电影发行方的许可，如果电影发行方迟迟不回复，口述影像员可能要等上数月。电影散场了，一位挂着白色盲杖的长者，抓着志愿者的手臂，摸索着走到赖子全面前，紧紧握住他的手说："感谢您！"年近六旬的赖子全笑得跟孩子一样。

手记

第一次见赖子全，是在香港盲人辅导会的小礼堂。他下地铁后步行而至，额头上还冒着汗。电影《无双》是在下午两点半正式开始，他提早一个多小时做最后一次口述彩排。口述影像员，是赖子全坚持了五年的志愿者工作，"我想让世界更公平些，希望视障人士能跟正常人一样享受电影"。他讲话的语气总是很平缓，但却是如此掷地有声，如同铅球顺着一条抛物线降落在地上。每次口述电影，赖子全总是轻装上阵：几张口述稿，一瓶矿泉水，一个话筒。但轻装上阵的背后，是他花费数十个小时的反复练习。2009年，香港盲人辅导会首次举办口述影像活动，填补了香港口述影像服务的空白。到了2018年，香港电影院已经有了口述影像设备。10年来，像赖子全这样的口述影像员，以及香港盲人辅导会这样的非营利机构，为视障人士的生活带来色彩，他们在做的，是一件有意义的事。（洪雪华）

故事 34

一位香港菜农的"朋友圈"

洪雪华

●每日清晨五六点,晏富琴已在菜地里忙碌穿梭,精心耕作　洪雪华摄

●菜地里西蓝花的菜叶，成为羊群的美食　洪雪华摄

香港新界，四面环山的上水古洞洲铁坑村里，清晨五六点钟，菜农晏富琴在菜地中忙碌。2019年1月的一个周末，记者探访了这个距离深圳仅13公里的铁坑村，村口大树下的木牌上刻着"火龙果农庄"几个红字，往左的箭头指向一条小路，小路尽头处传来了晏富琴清亮的声音。

"朋友圈"包罗农庄万象

经营富琴有机火龙果农庄10余年，晏富琴有一个特别的"朋友圈"。农庄里养着30多只羊，包括东山羊、黑草羊、熊猫羊，以及四头牛和一头猪。生长在菜地里的西蓝花、小白菜，大棚里的火龙果和车厘茄（小西红柿），鱼塘里的宝石鱼和罗非鱼，它们都是晏富琴的"好朋友"，也是孩子们的"玩伴"。

"西蓝花的菜叶是羊群的美食，蔬菜种类很多，火龙果很受农庄顾客的喜爱。"农庄占地面积近七万平方米（约100亩），种植了1,000多棵火龙果树，有十几亩菜地。

据香港特区政府渔农自然护理署数据，香港虽是国际化大都市，但务农人口仍有约4,300人，占总劳动人口的0.11%，其中大部分是晏富琴这样的新界菜农。然而，农庄刚开始并没有这么多成员。晏富琴出生于重庆农村，46岁，丈夫林才金祖辈两代人都是香港农民，嫁给他那一年正逢1997年香港回归。

嫁到香港后，晏富琴与丈夫共同经营养猪场。香港回归后，农业并非重点经济活动，特区政府对饲养禽畜也加强了管制。思前想后，"2007年，我们交出了养猪场牌照，外出打工"，晏富琴说。同年，晏富琴参加了儿子学校组织的农庄活动，深受启发："铁坑村也有一大片农地，为什么不能开设农庄？"与丈夫商量后，农庄正式开办，主要种植火龙果和有机蔬菜。

"夏天是火龙果收获的季节，产量最多时达两三万斤，可入冬后就没有火龙果了。"晏富琴回忆，农庄失去收入，她只能开始种植有机蔬菜。

菜地变身"休闲农庄"

"每逢周末，老师会带着学生们，家

众生相　169

●香港务农人数不多，菜地就更加少见　闪捷摄

长带着孩子们，到农庄里来摘菜、喂山羊或摘火龙果。"在市区忙碌的人们可以在农庄里接触大自然，放缓生活脚步。

"曾有一个社会福利机构带着智力障碍儿童来农庄，我教他们种菜、摘菜、钓鱼，他们玩得很开心。"晏富琴会给学校和机构发送电邮，邀请他们来农庄参观，每位农庄顾客都是她"朋友圈"里的重要成员。

"单纯种植蔬菜和水果，根本不足以养活全家。"如今菜地变身休闲农庄，转型求生存。农庄建有种植区、鱼塘及动物饲养区，提供多项特色服务：参观农场喂猪仔、喂山羊、瓜果蔬菜采摘、鱼塘垂钓、手工作坊等。

经营休闲农庄的同时，晏富琴仍种植有机蔬菜。每天她会开着小货车将刚摘的蔬菜运往位于九龙、荃湾的有机蔬菜铺："有机蔬菜每月能卖七八万港元，但农庄雇用了六个工人，扣除人工费，收入所剩无几。"

"我们会互相提前告知蔬菜一斤能卖多少钱，卖到哪里比较好。"晏富琴与其他菜农朋友有一个在线聊天群，用以分享售卖信息和蔬果种植经验。

四年前，香港只有屯门、美孚、大埔农墟等极少数地方设有有机蔬菜摊位，菜农们苦于没有销售平台："冬天是蔬菜的丰收期，但很多菜无法及时卖出，最后都烂在菜地里。"

过去，香港蔬菜自给率最高时有近五成，如今香港绝大部分蔬菜依靠外来供应。2013年，香港农业仅供应了全港所需蔬菜的2%，2016年，蔬菜自给率为1.7%，菜农们一直在寻找生活出路。

农民对土地的依恋

"农庄每年租金需近20万港元，很多农友因承担不起不断上涨的土地租金，只能另谋生路。"休闲农庄开办多年，为晏富琴的生活带来了转机，但土地问题困扰着她。

"如果土地产权人把土地收走了，我们不知道怎么办。"晏富琴介绍，农庄位于私人土地上，每五年与土地产权人续租一次。

"农庄位置偏远反而是一件好事，如果位于公路旁，会有很多人来竞争，土地产权人不一定会续租。"香港特区政府渔农自然护理署数据显示，香港约1,106平方公里的土地中，只有7平方公里用作耕种，大部分位于新界北部和西南部。

走在农庄的菜地里，抬头便可看到四周光秃秃的山。"这些山是政府土地，不允许种植果树等，所以看起来光秃秃的。"对于发展香港农业，香港特区政府食物及卫生局表示，会贯彻落实"新农业政策"下的主要措施，为本地农业现代化和可持续发展提供财政支持。

为响应有关更有效保护及善用现有农地的要求，香港特区政府食物及卫生局与发展局已委托顾问进行研究，物色面积相对较大的优质农地作为农业优先区，鼓励土地产权人把休耕农地于中、长期内做农业用途。"希望政府能帮助农民解决在土地问题上遇到的困难。"晏富琴说。香港农业的发展轨迹，一定程度上反映了很多国际大都市未来农业发展可能面临的问题。晏富琴的心里有一个问号：土地租金在不断上涨，农庄能否一直经营下去？

手 记

寻找晏富琴的"火龙果农庄"真不容易。"火龙果农庄"位于上水古洞洲铁坑村，我乘坐港铁到达粉岭站后，搭乘一小时的巴士到达上水，步行约半个小时才找到农庄。香港目前务农人口约有4,300人，其中大部分是晏富琴这样的新界菜农。可是，种植售卖蔬菜，菜农们所赚无几。为了维持生计，晏富琴将菜地改造成休闲农庄，吸引了很多香港市民前来体验，从此她的"朋友圈"包罗万象：分享蔬菜售价的菜农们，菜地里的蔬果和牛羊，鱼塘里的鱼，体验农庄生活的香港市民，菜农们赖以生存的土地等。在香港这个国际大都市里，像晏富琴这样的新界菜农用自己的方式积极求变，他们热爱着这片赖以生存的土地。（洪雪华）

故事 35

一位女大学生的"咏春情结"

洪雪华

●刘碧尧教香港小朋友咏春拳　受访者提供

●刘碧尧正在跟祖父刘中兴切磋咏春拳　洪雪华摄

2018年10月，23岁的刘碧尧正在香港中文大学修读法律博士课程，她打得一手好咏春拳，一招一式，一推一退，攻防兼备，尽显咏春拳师风采。咏春拳作为中国特色武术，在香港诸多武打片中大放异彩。从李小龙的《龙争虎斗》，到《叶问》三部曲，再到《一代宗师》，精彩刺激的武打场面吸引着大众目光，南拳咏春的精深绝妙在银幕中展现得淋漓尽致。而说到刘碧尧的"咏春情结"，还得从她担任咏春拳教练的祖父说起。

童年启蒙：祖父是叶问徒孙

20世纪50年代，香港兴起武术热潮，正是这个时候，广东武术家、咏春拳创始人叶问将咏春拳带到香港。到了60年代，叶问的弟子相继自立武馆，收徒传艺。

刘碧尧的祖父刘中兴师从叶问弟子邹子传，20岁开始修习叶问系咏春拳。他是刘碧尧的第一位咏春拳教练，在沙田一家妇女会服务中心教了18年的咏春拳，四个月前才退休。

刘碧尧八岁就跟祖父在家学习咏春，从基础的小念头开始练起，一学就是一个晚上。"念头正，则终身正。"咏春的拳法套路需逐级递进，只有完全掌握小念头，才能晋级修习下一步的拳法套路。单调重复的小念头动作很考验习武者的耐力，刘碧尧深谙此理："我热爱咏春拳，所以我坚持下来了。"

14岁那年，刘碧尧正式跟祖父学习全套咏春拳。除了基础的小念头，咏春拳还包括寻桥、标指、黐手、木人桩、六点半棍、八斩刀法等六个拳法套路。"很多动作练了很久还是不会。"刘碧尧回忆练习黐手时遇到的瓶颈。由于手肘力道不够，很多动作无法精准把握。祖父少不了责备几句，但总会在一旁耐心讲解动作，教她如何把握力道。

训练好力道，打沙包是个好方法，一拳一拳下来，刘碧尧白嫩的双手已是瘀血破皮。等晋级练习到木人桩时，手腕瘀伤也是家常便饭，日复一日，双手肌肉线条很显眼。"花了两年半的时间学会了咏春拳，比很多男孩子都学得好！"这是祖父对刘碧尧的肯定。

众生相　173

● 刘碧尧正在参加咏春拳比赛　受访者提供

咏春电影佳作：影响香港几代人

"练咏春拳让我学会了专注和坚持，学法律也需如此。""其实我更想当一名咏春拳师。"在香港，年轻的咏春拳师缺乏资历，不是初学者们的首选。授拳不易，选择先成为一名律师是刘碧尧的权衡之举。

2008年，14岁的刘碧尧正式跟祖父学习咏春拳，那一年也正逢电影《叶问》横空出世。《叶问1》讲述了1938年日军攻占广东佛山，叶问拒绝担任宪兵队的武术教练，日军盛怒之下指派武术高手与叶问比武，叶问以咏春拳一招制敌。之后的七年，《叶问2》《叶问3》相继面世，引起了香港年轻一代对咏春拳的向往。

"学完咏春拳之后我会琢磨电影中叶问的招式和打法，然后照着练习，或与祖父切磋。"初学咏春拳时，刘碧尧对武打电影了解甚少。如今学成，关于咏春拳的电影，她表示一定不会错过。

五年后，《一代宗师》再次将咏春拳搬上银幕，将"大成若缺"的武术精神展现到了极致。如电影中的台词："凭一口气，点一盏灯，要知道，念念不忘，必有回响。"咏春拳的传承，靠的不是门派，而是精神的火种。

20世纪六七十年代，香港武打电影中的武术指导大都修习南派武术，设计的动作招式也以南派为主，其中咏春拳的拳法套路被运用在多部武打电影中。

1973年，电影《龙争虎斗》中，李小龙以一敌多，众打手一起向李小龙进攻时，李小龙以手部动作连消带打，转瞬将多人击倒，这个打法便是来自咏春拳的桥手技巧。正是这三部咏春佳作，让咏春拳一步步走进大众视野。

传承咏春：梦想开一间拳馆

如今，香港有着大大小小的咏春拳馆，或开于街头，或隐于闹市。现存的香港咏春拳派系主要有梁相系、黄淳樑系。梁相和黄淳樑都是叶问的亲传弟子，在他们的传承下，咏春拳的火种在香港继续发光发热。

一位香港女大学生的"咏春情结"
视频记者：陈其蔓
摄像：梁嘉骏
剪辑：梁嘉骏　陈其蔓

拳馆中不乏"70后""80后"的身影，他们从小看香港武打电影长大，有着很深的武学情结。练习咏春拳不只是防身自卫、强身健体，更是他们对武术的一种执着。

现在咏春拳的一招一式已融入刘碧尧的生活。"对方有任何动作，都能做出灵活的反射式对拆，做到连消带打。"刘碧尧说，甚至朋友不经意间的推搡，她也会很快做出应激反应。

刘碧尧梦想开一间拳馆，好好传承咏春。凭借出色的咏春拳法，刘碧尧在多次咏春拳公开比赛中获奖。2017年，她成为香港咏春体育会的注册教练。香港咏春体育会的前身是咏春联谊会、叶问体育会，于1968年在叶问的倡议下在香港成立。每个工作日的晚上，一有时间，她都会到咏春体育会帮忙教咏春拳。

叶问弟子梁挺开发了咏春拳国际标准课程，在世界各地办起了咏春拳馆。如今，由梁挺创办的国际咏春总会在全球60多个国家有3,500多个分支，超过5,000间武馆。

为了能继续教咏春拳，刘碧尧曾在一家社会服务处担任了四个月咏春教练，教授四到八岁的香港小朋友基础咏春拳法："看到他们学会打咏春拳，我很开心。"刘碧尧表示，祖父刘中兴向来寡言少语，但当孙女对他说"想开一间咏春拳馆"时，他兴奋地说："等你开拳馆了，我就去当教练。"

手 记

对刘碧尧的采访历经了三次。第一次是在一家餐厅，当我见到眼前这位留着中长发的大眼睛女孩子时，很难将她与咏春拳联系在一起。第二次采访刘碧尧，是在她的祖父刘中兴家里。也许是修习咏春拳术的缘故，刘中兴身上有一种武术人的硬气，看上去精神抖擞。采访过程中，每次讲到咏春拳的拳法套路，刘碧尧便激动地站起来，与祖父刘中兴现场切磋，祖孙二人默契十足。第三次采访是在香港咏春体育会训练室，她用咏春拳击打着木人桩，双手慢慢瘀血破皮，但她却未喊一句"疼"。终于，我感受到了埋藏于她内心深处的"咏春情结"。（洪雪华）

故事 36

粤剧传承：
小小少年的"梨园梦"

洪雪华　丁梓懿

● 粤剧小演员陆瑞徽正在画经典"红白脸"妆容　吴晓初摄

香港九龙杉树街33号，声辉粤剧推广协会排练室里，经典"红白脸"妆容、粉色镶珠头饰、华丽戏服，映入眼帘。12岁的利文喆和13岁的陆瑞徽，一人演周瑜，一人饰小乔，举手投足有板有眼，将粤剧折子戏《艳曲醉周郎》演绎得流畅自然。"他们是天生的粤剧演员！"79岁的粤剧名伶杨剑华在一旁观看，眼里满是欣慰。

粤剧又称"广东大戏"，表演技艺包括"唱做念打"，即唱功、身段、台词、武打，主要流行于广东、广西和香港、澳门等地区。2009年，粤剧被列入联合国教科文组织人类非物质文化遗产代表作名录，2019年正逢10周年。

一片苦心　致力传承

排练室内，20多个孩子正在练习压腿，他们中最小的仅有四岁，大多是十几岁的少年。杨剑华告诉他们，只要学粤剧一天，就不能放下基本功。

杨剑华背着双手，来回走动，仔细观察每个孩子的姿势。过了一会儿，三四个孩子商量好似的围住他，其中一个小女孩试图爬到他背上，他们一句句"师公"叫着，一片欢声笑语。杨剑华13岁投身梨园学习粤剧，如今担任声辉粤剧推广协会的艺术总监，负责教授和排练粤剧。"那时候，我们学粤剧是为了生活，现在的孩子不同，粤剧变成他们的兴趣。"

"练功很苦，孩子们觉得好玩，才愿意学。"杨剑华说，让他们在轻松的氛围中练功，了解他们的性格后，再为他们选择合适的粤剧角色。

"杨剑华老师对每个孩子都很有耐心，他喜欢用温和的方式教导孩子们。"声辉粤剧推广协会会长芳雪莹是杨剑华的学生、孩子们眼中严肃些的老师，他们一个唱"红脸"，一个唱"白脸"。声辉粤剧推广协会成立于2003年，是香港重要粤剧艺术团体之一，致力于向青少年推广粤剧。协会目前有两个初班，三个中班，一个青少年班。"做戏先做人，学艺先学德。"芳雪莹从这些戏曲人身上看到了传承粤剧文化的一片苦心。"杨剑华老师有一次腿不舒服，为了指导孩子们演出粤剧，他硬撑着站了一整天。"

●声辉粤剧推广协会排练室里,孩子们在练习压腿　吴晓初摄

●声辉粤剧推广协会会长芳雪莹正在指导孩子们练功　吴晓初摄

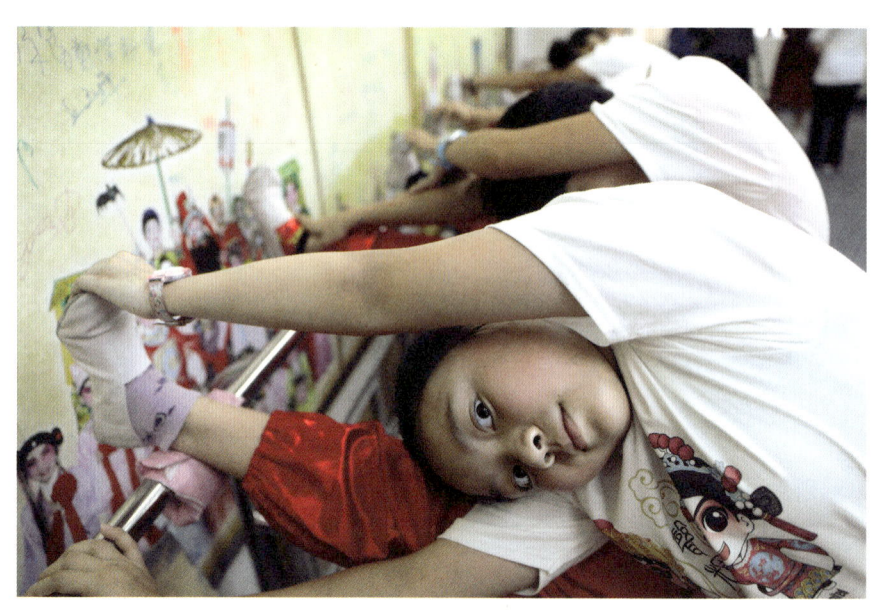

一群孩子围住"师公"杨剑华　吴晓初摄

粤剧少年　愿意吃苦

陆瑞徽和利文喆是杨剑华的"小粉丝"。"2018年全国基层院团戏曲会演"中，陆瑞徽和利文喆在《红楼梦之黛玉进府》《周瑜与小乔之劝勉篇》中担任主角，两位粤剧小演员崭露头角。

陆瑞徽六岁开始学习粤剧，她喜欢粤剧，因为戏服和头饰很美。接受记者采访时，陆瑞徽已经画上了"红白脸"：以白色粉底打底，围绕眼睛和颧骨涂抹红色胭脂，使用鲜红色口红。陆瑞徽饰演的小乔，头饰和戏服是粉色。她的手背擦满白粉，手指也涂上了红色指甲油。"学业很重，但每周六下午我都会尽量赶到排练室。"陆瑞徽今年上初一，课业繁重。

"我的韧带比较紧，压腿比较辛苦。在舞台上表演时，我偶尔会忘记做出表情。"家里也变成陆瑞徽的排练室，她还会照着镜子，挑起眉毛，扬起嘴角，放大表情。

穿戏服是每位粤剧演员登台前的仪式。表演开始前，杨剑华站在陆瑞徽身侧，轻轻提起她的假发，芳雪莹仔细摆正头饰，帮她穿上一件件戏服。

利文喆也是个粤剧迷。他从五岁开始学习粤剧，如今已有丰富的演出经验。"我饰演过许仙、贾宝玉、周瑜等，粤剧让我了解了这些历史人物，体会到了中国传统文化之美。"

"这孩子很有粤剧天分，基本功和唱功都很厉害！"60年前，杨剑华饰演许仙而获评粤剧优秀演员，如今利文喆再次饰演了许仙。"天气热时，孩子

众生相

● 陆瑞徽和利文喆正在表演粤剧折子戏《艳曲醉周郎》，举手投足，有板有眼　吴晓初摄

们穿着厚戏服，头套勒得很紧，但他们愿意吃苦。"芳雪莹说。

坚守不易　后继有人

一个粤剧衣箱，装满了王侯将相的战旗、才子佳人的水袖，却也承载了粤剧演员的不易。"粤剧演员收入不高，购买戏服和保管衣箱的费用都可能负担不起，一套戏服至少几千港元，保管衣箱的人工费就更不用说了。"芳雪莹说。有些粤剧演员会雇人帮穿戏服，但每天就要上千港元的人工费。"协会经常有粤剧演出，孩子太多，我们雇不起，大都自己动手帮孩子们穿。"但芳雪莹有一个好消息：2019年10月，协会将搬到一间约100平方米的排练室，能容纳更多孩子排练粤剧。

"协会的日常运营和粤剧演出，都

香港粤剧传承：小小少年的"梨园梦"
视频记者：陈其蔓
摄像：梁嘉骏
剪辑：梁嘉骏

需要我们自行寻求赞助。"芳雪莹负责声辉粤剧推广协会的日常运营，她经常鼓励身边的朋友去观看孩子们的粤剧演出。"让孩子们从小对粤剧感兴趣，长大后他们会变成台上的粤剧演员或者台下的观众。"芳雪莹介绍，香港大概有100万粤剧观众，但大部分是长者，年轻人偏少。

香港特区政府很重视粤剧发展。香港西九文化区戏曲中心已经正式开幕。特区政府也设立了粤剧发展咨询委员会及粤剧发展基金，特区政府康乐及文化事务署自2010年起举办中国戏曲节，展示包括粤剧在内的戏曲剧种。

"只要好好培养，粤剧不会后继无人。"2019年7月，声辉粤剧推广协会将在香港沙田大会堂和新加坡表演粤剧。陆瑞徽说，她渴望拥有一套美丽的粤剧戏服。利文喆则坚定地说："长大后，我要成为一名职业粤剧演员。"

手 记

初见陆瑞徽和利文喆两位粤剧小演员时，他们在粤剧舞台上已经崭露头角。他们曾多次进京演出，受到观众的喜爱。如今回忆采访过程，印象最深的是香港老一辈粤剧人的一片苦心。为了指导声辉粤剧推广协会的孩子们学习粤剧，每年有半年的时间，杨剑华会留在香港。他害怕坐飞机，但每次从美国到香港需要十几个小时的航程，他都会咬咬牙挺过去。21世纪的"梨园"不再单纯是戏班或者勾栏瓦舍，声辉粤剧推广协会的小小排练室，也承载着少年们的"梨园梦"。（洪雪华）

故事 37

香港老人的长寿之道

洪雪华

● 热爱音乐的长者们合照留念　香港银杏馆提供

10年前,90岁的香港长者郭妹在公立医院做了心脏手术,花费约四万港元,如果在私立医院,则需几十万港元。走在香港闹市街头,人群中不乏白发长者,他们中很多人也和郭妹一样享受过公共医疗服务。

联合国人口基金会2018年发布的《世界人口状况调查报告》显示,香港女性平均寿命87岁,男性平均寿命81岁,超过日本成为全球人均寿命最高的地区。

香港何以成为全球最长寿地区?

"公立医院的手术费用较便宜,子女们能承担得起。"初见郭妹时,她穿着一件玫红色马甲外套,两鬓鲜有白发,看起来精神抖擞。

她随身携带着一个玫红色保温杯和红色布袋,布袋里装有一台小型平板计算机:"这是女儿买的礼物,她帮我下载了很多养生保健的视频,我每天都会看。"为了保持身体健康,郭妹会均衡饮食,保持运动和乐观心态。

香港中文大学教授郭志锐认为,香港成为全球人均寿命最高的地区,最重要的因素是高效而低价的公共医疗体系。例如,香港居民在公立医院住院每天只需支付100港元,包含了膳食费、住院费、药费、手术费,这使得一部分患病长者能得到有效的治疗。

郭志锐特别提到,香港的急救非常高效,市民呼叫的救护车基本能在12分钟内到达,大量心脏病和重伤者能在黄金时间内得到抢救。此外,香港的公共场所如地铁站、商场等都配置有心肺复苏器等设备,突发病患大多可得到及时救治。

"但香港并不是一开始就是全球最长寿地区。"郭志锐说。20世纪70年代,随着生活条件的改善和医疗卫生的发展,香港市民更加关注自身健康,医学界在治疗高血压、糖尿病、肝炎等慢性病方面也取得进步,香港的人均寿命不断提高。

活力长者的长寿之道

"在生活环境方面,香港的绿化程

● 90 岁的郭妹拿着自己的画作　　洪雪华摄

● 97 岁的劳永逸拿着与家人的合照　　洪雪华摄

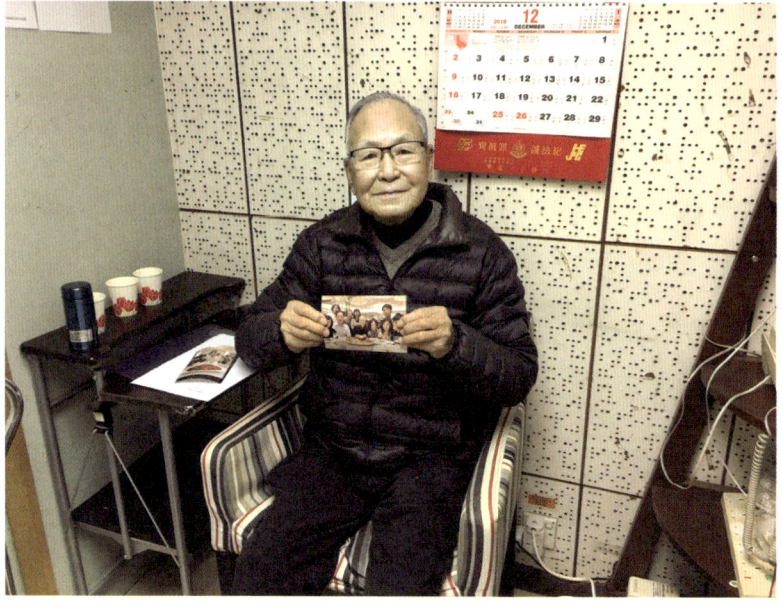

度很高，在很多绿地上，都能看到一群高龄长者在清晨打太极或练气功。"郭志锐说，其他因素也有利于提高人均寿命，例如良好的城市治安环境、高效便捷的公共交通工具、均衡健康的食品以及齐全的公共设施。

香港 300 多座摩天大楼之间，布满了利用率高及服务良好的城市公园、高质量的医院以及提供当地美食的餐厅。距离城市几公里处便有高山和大海，人们可以徒步、山地行走、游泳等。

20 多年前，80 岁的吴文英在公立医院做肠癌手术后康复："为了保持身体健康，术后我开始练习游泳，已经坚持了 28 年。"此外，吴文英常与好友相约山地行走，保持运动的习惯。

"很多香港长者选择做义工，既能丰富晚年生活，也能保持身心健康。"香港耆康老人福利会主席麦建华说。81 岁的古连城在香港耆康老人福利会做了八年义工，晚年生活充实："施比受有福，帮助别人是一件很开心的事，我觉得很幸福。"1988 年，香港耆康老人福利会首创全港长者义工训练，至今长者义工人数已累计达上千人。

劳永逸今年 97 岁，身体依旧健朗：每日清晨练习半个小时的太极拳后，劳永逸会在家阅读报纸，午后与 93 岁的妻子出门逛街吃茶点，每周与好友有一次麻将之约。"长寿是顺其自然的，我并没有刻意追求。"劳永逸直言没有养生秘籍。

长寿是福　养老不易

香港电影《桃姐》的画面中，长者们历经沧桑的脸孔令人印象深刻。导演许鞍华用细腻的镜头语言还原了香港长者面临的养老问题，这是很多长者的生活写照。

古连城独居在柴湾的公屋里，每个月的高龄长者生活津贴是她的主要经济来源。香港特区政府的公共福利金计划中，普通长者生活津贴每月为 2,600 港元，高龄长者生活津贴为 3,485 港元。"每个月我需要支付 1,500 港元的公屋房租，津贴所剩无几。"古连城说。

在香港，很多长者跟古连城一样，

● 年近 90 岁的长者们总会相约在午后
打牌　洪雪华摄

依靠长者生活津贴生活。香港特区政府统计处数据显示，香港 65 岁或以上长者约有 116 万，约占总人口的 16%。此外，每名合资格的长者每年都能领取医疗券，累计金额上限为 5,000 港元。

由于没有建立全民退休保障制度，"手停则口停"是很多长者的境况。"因为经济需要，不少长者选择再就业，我们会优先考虑他们。"香港银杏馆行政总裁麦敏媚介绍，作为香港首家推动长者就业的餐饮服务机构，银杏馆聘用的长者总数已超过 2,000 人次。

香港老人的长寿之道
视频记者：洪雪华
摄像：洪雪华
剪辑：洪雪华

2008 年，香港耆康老人福利会开始推行"友待长者就业计划"，至今已为中高龄长者提供近 5,000 个工作机会。"部分长者身兼数职，包括送外卖、发放报纸等。"麦建华透露，很多长者过着忙碌辛苦的晚年生活。

郭妹是幸运的，在等待了三年之后她成功入住了安老院。然而，安老院"一床难求"，申请入住非常困难。2017 年至 2018 年，轮候安老院舍资助宿位的人数达 37,991 人，其中有 6,611 人在轮候期间离世。

随着人口老龄化进程的加速，香港安老服务也存在长期供给不足的问题。目前，香港有 735 间安老院，由非政府机构、非牟利机构及私营机构营运。

手 记

联合国人口基金会公布的数据显示，香港人均寿命全球最高。香港为何成为全球人均寿命最高的城市？这是一个很值得探讨的问题。通过采访多位长寿长者，我逐渐发现了他们长寿的秘诀。采访过程中，我发现 97 岁的劳永逸是一位很有趣的长寿老人。每天早上他会和妻子在茶餐厅饮早茶，下午有时与朋友打麻将，日程满满。劳永逸整理了一本个人回忆录，每次翻阅时，他总是很兴奋。"我没有刻意追求长寿，顺其自然最好。"不过，香港老人的生存状态也差异很大，不少长者面临"手停则口停"的生活窘境。长寿是福，养老不易，愿长者们都有一个幸福的晚年生活。（洪雪华）

故事 38

外佣的星期天

郜婕

●星期天，铜锣湾一座天桥上坐满休息聚会的外佣　郜婕摄

● 铜锣湾一家印度尼西亚风味餐馆每到星期天生意特别好 郜婕摄

农历大年初六恰好是星期天，不仅香港市民继续享受春节气氛，大多数外籍家庭佣工也迎来忙碌间隙放松的一天。星期天是香港大多数外佣每周一次的休息日。公园、人行道、天桥随处可见这些被香港人称为"工人姐姐"的女佣。她们席地而坐，与同乡聚会。

目前在香港工作的外佣约有38万人，占香港劳动人口近一成，其中菲律宾籍和印度尼西亚籍最多。随便挑一个星期天，经糖街走到维多利亚公园，一路上闻到路边印度尼西亚风味餐馆的食物香味，听到印度尼西亚佣用家乡话交谈，看到的则尽是因她们而衍生出的生意：找换店里她们进进出出往家中汇款，街角里快递员忙着帮她们打包要寄回去的生活用品，公园一角几个出租服饰拍照的摊位老板用印度尼西亚语招徕顾客，小贩穿梭其间兜售服装、化妆品、自拍杆等小商品。

维多利亚公园周边人行道上，外佣们把纸板或塑料布铺在地上，围坐着分享家乡食物，也分享生活和工作的甘苦。她们平日里在雇主家承担照顾老人或小孩的工作，通常都是素颜，但到星期天聚会时，常常精心打扮一番，艳丽妆容配上特色服饰，仿佛过节一般。

坐在街头闲聊并不是外佣星期天活动的全部，海滩烧烤场、主题公园、图书馆等地也时常见到她们的身影。还有不少外佣根据各自兴趣爱好组成团体，每逢星期天组织唱歌跳舞、武术练习等活动，丰富生活。

维多利亚公园中央草坪就是多个印度尼西亚佣团体每周开展活动的地方。记者不久前的一个星期天路过这里，恰巧遇上约10个印度尼西亚佣团体相约"汇演"。她们用细绳在花花绿绿数十个帐篷间圈出一片空地，表演的节目既有印度尼西亚特色舞蹈、传统武术，也有现代舞、跆拳道，吸引了不少路人围

众生相   189

●星期天,印度尼西亚佣身穿传统服饰在维多利亚公园聚会 郜婕摄

●星期天,印度尼西亚佣在维多利亚公园表演跆拳道 郜婕摄

观,好不热闹。

其中一个团体的成员伊娃指着场上正在跳印度尼西亚特色骑马舞的舞者告诉记者:"这是一场生日派对。她们的团体成立五周年,邀请我们来一起表演。"

伊娃的团体表演的是印度尼西亚传统武术。教练之一、负责在表演时喊口令的努基说:"据我所知,像我们这样的印度尼西亚佣团体,在香港有数十个。我们可以根据自己的兴趣选择加入哪个团体,在香港传承和发扬我们家乡的传统文化。我们不久前还应邀在伊利沙伯体育馆参加武术汇演并获奖。"

伊娃、努基和她们的同伴大多会说广东话,不少还因曾在新加坡、中国台湾等地工作而掌握英语或普通话。曾在其他国家工作四年的西蒂说,香港为外佣提供的薪酬更高,行业规管和权益保护等方面也更为规范。"在香港,外佣每周一次的休息日是有法例保障的。"

香港引进外佣的历史可以追溯到20世纪70年代。那时香港经济起飞,大量女性步入职场,"双职工"家庭对家政服务人员的需求激增,菲佣开始进入香港家庭。后来,印度尼西亚、泰国等地的外佣也引入香港,香港的外佣市场逐渐多元化。

数十年来,香港形成了较为完善的外佣行业规管和权益保障制度。在香港劳工法例下,外佣与本地雇员享有同样权益,包括每周休息日、法定假日、带薪年假、生育保障、疾病津贴、长期服务金及遣散费等。此外,特区政府为聘

用外佣制订了"标准雇佣合约",规定外佣的最低工资标准,要求雇主为外佣提供免费膳食或膳食津贴、免费医疗、免费住宿及往来原居地的旅费等。

香港特区立法会 2017 年一份研究报告指出,外佣有助本地女性投身劳动市场,提升家庭生活质量,为推动香港经济发展做出宝贵贡献,已经成为香港社会不可或缺的部分。

外佣对香港家庭和社会的贡献也获得不少香港市民认同。不时有雇主在网络论坛或社交网站上表示,外佣背井离乡,为香港家庭服务,值得尊重。2019 年春节还有一名雇主发帖介绍,看到"工人姐姐"手机坏了,雇主一家买了新手机给她惊喜,对她数年来的悉心照顾表示感谢。

正是出于这份认同,对于每到星期天随处可见的外佣街头聚会,香港市民大多会视之为这座城市的独特风景,碰上外佣唱歌跳舞,还可能被她们的笑容感染,驻足欣赏一阵。

香港的完善保障和多元包容吸引着外佣,目前在港外佣的数量比 20 年前增加超过一倍。随着人口老龄化加快,香港未来对外佣的需求预计进一步增加。

特区政府劳工及福利局局长罗致光不久前在网志中指出,在港外佣未来 30 年间可能增至 60 万人,占香港劳动人口一成半以上。面对未来的劳动力短缺,"外佣不仅是重要的劳动人口补充来源,更是释放本地家庭劳动力的重要支柱"。

手 记

外籍家政佣工的街头聚会,每个星期天都在香港随处可见,让人不免对这道独特风景如何形成心生好奇。我着手做了些调研后发现,过去数十年来,外佣相当程度上解放了本地劳动力,对香港家庭和社会的贡献不容小觑;未来,在老龄化加剧的背景下,香港社会对外佣的需求将进一步扩大。另一方面,香港社会对外佣的包容和保障不断吸引着他们,让他们在这座城市辛勤奋斗,也得以开展丰富多彩的业余生活。从外佣的星期天,可以窥见香港多元包容的可爱之处。(郜婕)

故事 39

港式紧急寄养：
寄住的家　常驻的爱

陆敏

●姚氏夫妇经常在一起分享教育心得　　陆敏摄

这是一张温馨的合影：照片中，一个年轻的姑娘头戴学士帽，手捧鲜花，一脸灿烂的笑容，旁边是一对中年夫妇，脸上满是欣慰。这是一个10年之约。10年前曾经在姚氏夫妇家寄养过40天的13岁女孩菲菲，按照当年的约定，在大学毕业时邀请"父母"来参加她的毕业典礼。他们之间并没有血缘关系，但感情却像家人一样真挚。

由香港特区政府社会福利署推出的紧急寄养服务，主要是为18岁以下因突遭变故而缺乏父母照顾的儿童提供实时及短期的家庭式住宿照顾服务。姚氏夫妇于2002年加入紧急寄养服务，17年间成了70名儿童的"临时爸妈"，其中最小的两岁半，最大的就是13岁的菲菲。

给孩子一个家

走进姚氏夫妇位于香港九龙观塘区蓝田村的家，小小的两居室整洁温馨。客厅的沙发后，摆满了家庭合影。一张全家福里，两个女儿与女婿站在他们夫妇两侧，幸福满满。

姚先生参加紧急寄养服务的机缘正是因为自己的两个女儿。当年两个女儿在英国读书，寄宿在当地一个家庭。圣诞节前，寄宿家长跑去美国探望自己的儿子，竟把两个孩子丢下不管了。女儿无奈求助学校，最后由警察上门将她们送到当地的紧急寄养家庭代为照顾。

2002年的一天，姚氏夫妇在地铁站看到招募寄养家庭的海报，想到女儿的经历，他们决定尝试成为寄养家庭，照顾有需要的小朋友。

要当寄养家长并不容易。提出申请后，社会福利署要从家庭收入、家庭关系、健康状况、性格情绪、学位学历等方面对寄养家庭进行评估，再由社工对家庭情况做全面调查，审核期长达半年，审核通过后还要经过教育、心理等培训方能上岗。具备上岗资格后，还要进行家长和孩子的匹配工作。待孩子进门后，会有两位社工全程跟进和监督，一个月上门两次，协调解决相关问题。

香港社会福利署中央寄养服务课主任马学强告诉记者，截至2019年3月31日，全港有101个孩子正在接受紧急寄养服务，已有141个家庭加入了这一服务计划，随时可提供服务。

● 姚氏夫妇参加菲菲毕业典礼　受访者提供
● 姚先生有个小本子，记满了孩子们的情况　陆敏摄

姚先生有个小本子，详细记录了他所照料的70名孩子的情况。这些孩子，有家长入院的、入狱的、吸毒的、患抑郁症的、单身妈妈无法照料的等等，不堪境遇令人唏嘘。姚先生说，照料孩子让他们全家学会感恩和珍惜。已成家的两个女儿假日回娘家，也帮手照料孩子。

教孩子养成好习惯

"这些孩子大多来自破碎家庭，小小心灵充满恐惧和迷茫，由于长期缺乏管教，自理能力、心理状态和行为方式等都会出现一些问题。"姚先生说，"做临时家长最重要的不是给他们提供吃住，而是要帮他们养习惯、立规矩，教他们学会照顾自己"。

推开卧室的门，两张高低小床交错排放，下面的一张小床底部，抽出来又是一张小床。"这是我们专门为寄养孩子重新设计和装修的小屋，最多可以住三个孩子。"记者注意到，床边的窗户每一扇都上了锁。"为了孩子的安全，这也是对寄养家庭居住环境的统一要求。"姚先生说。这段时间，两个女孩在姚家寄养，一个10岁，一个9岁。10岁的老大，因留了两次级，才读三年级。老二聪明却霸道，喜欢打人，还患有注意力缺失症和读写障碍。

"老大重点要在学习上帮她养成好习惯，老二打人，其实是内心敏感脆弱造成的'防卫过度'，要让她'放下武器'。"姚氏夫妇针对两个孩子不同的个性，因人施教，慢慢地帮助她们进

步。为了帮助孩子们养成良好的生活习惯，姚氏夫妇以身作则，全家早上5点多起床，晚上8点必须上床睡觉。

周末，他们会带孩子们去爬山。"爬山是最好的亲子活动，一家人在一起其乐融融，既强壮身体也锻炼意志。"姚先生退休前是消防救护员，他教孩子们认识各种花鸟昆虫和树木，讲述动植物的有趣故事，还总是鼓励孩子们学会坚持。"最长的时候，全家爬山七个小时，孩子们都能坚持下来。"姚先生说。

希望孩子有能力回报社会

姚太开朗爱笑，看上去脾气很好。"原来可不是这样，都是带孩子带出来的！"她笑说，"照顾他们，我们很有收获，能锻炼自己的耐性和包容心"。

当了70名孩子的"临时爸妈"，他们领悟到家庭教育的核心是将心比心、以心换心。一点一滴的真心付出，换来孩子们令人惊喜的变化。前段时间，姚先生夫妇出门，想让老母亲帮着照看下孩子，没想到，两个孩子在家跑前跑后地抢着照顾老人家。"结果反倒是她们照顾婆婆了。"姚先生笑说。

紧急寄养是短期救助，最长不过六个星期。每当告别，彼此都会不舍和伤感。每当这时，姚先生都会拿出他的男子汉气概，教孩子们笑着离别。"孩子们带着迷茫害怕的心情踏入家门，走时要让他们开开心心地离开。"

"临别时我们会跟小朋友说，不用报答我们，将来有能力时，就去帮助有需要的人，回报社会，这就足够了。"姚太说。姚氏夫妇时常翻看手机相册，回忆孩子们的趣事。姚先生说："小朋友们的一颦一笑，带给我们无限的欢乐和回忆，我们都'上瘾'了，总是期待下一个孩子的光临。"

手 记

第一次听说"紧急寄养服务"，我觉得非常新鲜。由特区政府社会福利署推出的这项服务，主要是为18岁以下因家里突遭变故而缺乏父母照顾的儿童，提供短期家庭式照顾服务。当我得知一对夫妇17年间照顾了70名儿童后，立刻非常感兴趣：这70名孩子都是什么情况？这对夫妇在照顾他们的过程中发生了什么故事？遇到了什么难题，又是如何解决的？带着这份好奇，我登门拜访了姚氏夫妇。采访收获很大，我的体会是：在人生危难之时，为无助的儿童提供紧急寄养服务，这对孩子一生的成长、对孩子背后整个家庭的救助都很有意义，值得向内地大力推介。（陆敏）

故事 40

上岗！导盲犬和它背后的三位主人

洪雪华

● 香港导盲犬服务中心主席张伟民和身穿红色小马甲的导盲犬　香港导盲犬服务中心提供

每天清晨，伴随着急促的"嘟嘟"声，人行道上的绿灯亮起。白色导盲犬Yoyo总会慢吞吞地过马路，24岁的黄子倩有些心急，经常拉着它一路小跑。

事实上，一只导盲犬的诞生离不开三位主人：从出生第45天起，它开始到寄养家庭生活；一年后，幼犬离开寄养家庭，接受导盲犬训练员的训练；经过六个月至九个月的训练后，导盲犬毕业"上岗"，找到相匹配的视障人士为其服务。据香港特区政府统计处2015年"残疾人士及长期病患者"报告书显示，香港目前有17.5万人有视觉困难（视障），占总人口的2.4%。而可以为视障人士"导航"的导盲犬，实在是供不应求。

成为"导盲犬"可真不易

"照顾导盲犬幼犬就像照顾小孩子一样，需要耐心和细心。"两年前，原翠珊向香港导盲犬服务中心申请为寄养家庭，她是幼犬Daisy的第一位主人。

"我经常带着Daisy出入餐厅、商场等场所，也会教它搭乘地铁、巴士等交通工具。"原翠珊说，寄养家庭的生活，让幼犬对人类的情感烙印在记忆里。

64岁的香港导盲犬服务中心主席张伟民也是位爱狗人士。1990年，他在新西兰参观一间导盲犬学校后，被导盲犬吸引。"导盲犬可以引领视障人士避开路上的障碍物，还可以慰藉心灵，帮助他们积极融入社会。"

2005年，张伟民获得导盲犬训练员的资格。2009年，他在澳大利亚获得了导盲犬导师的资格。一年后，张伟民回到香港重新建立中断了近40年的导盲犬服务。"那时候香港几乎没有导盲犬幼犬，社会认知度也很低。"

"早在1975年，香港有两位视障人士远赴澳大利亚学习使用导盲犬的技巧。可惜数年后，两只导盲犬相继死亡，香港导盲犬服务中断了。"张伟民说。

2012年，张伟民成立香港导盲犬服务中心，成为香港主要的导盲犬服务机构。中心成立初期仅有两只幼犬，截至2019年已有62只导盲犬及幼犬，其中有13只导盲犬为视障人士服务。

● 香港导盲犬服务中心，导盲犬及幼犬安静地趴在地上 <u>香港导盲犬服务中心提供</u>
● 导盲犬训练员彭恺婷和三只训练中的导盲犬幼犬 <u>香港导盲犬服务中心提供</u>

为了让导盲犬专心为视障人士服务，一岁以后，它们要经历一次痛苦的绝育手术。"就连排泄这样的事情，导盲犬也必须在规定的时候进行。如果视障人士在工作，导盲犬就得憋住等待。"香港导盲犬服务中心训练员彭恺婷说。

离开寄养家庭后，幼犬将接受导盲犬训练员六个月至九个月的训练。"它们要学会避开障碍物及寻找目标物体，也有不少幼犬训练失败，回流到普通家庭生活。"彭恺婷说。

当导盲犬幼犬离开第二位主人后，它需要寻找第三位主人。"不是所有的视障人士都适合使用导盲犬，我们会选择喜欢导盲犬且方向感强的视障人士。"彭恺婷说。

黑暗中的一束光

三年前，经过近一年的专业培训，导盲犬 Yoyo 终于上岗了！黄子倩是它的第三位主人。黄子倩是幸运的，等待三个月后，她从香港导盲犬服务中心免费申请到了 Yoyo，那时候数十位视障人士在排队等候导盲犬。

去年，大学本科毕业后，黄子倩踏入职场，所幸工作场所允许使用导盲犬。"我忙碌工作时，它就在一旁熟睡，有时候还会发出鼾声！"在黄子倩心中，Yoyo 就像家人一样，她不时会调侃它几句。因为先天视障的问题，黄

●成功匹配后,24岁的黄子倩和导盲犬Yoyo一起参加毕业礼 黄子倩提供

子倩的生活少了些许色彩,但她总是闲不住。"没有导盲犬时,我喜欢到外面走走,但家人不放心让我出去。"复杂的室外环境,确实是视障人士生活中的难题。没有导盲犬的帮助,视障人士仅依赖一根细长的白手杖(视障人士行动辅具),凭直觉摸索前行。不少视障人士会选择留在家中,与外界减少接触。

每天下班,黄子倩需花近45分钟搭乘巴士或地铁,才能回到位于九龙的家。"多亏了Yoyo,我不会再磕磕绊绊地走路了。"如今,Yoyo带着黄子倩去过不少海岛山丘,她成了朋友眼中的"旅行小能手"。也许是专业训练的缘故,Yoyo大多数时候温顺乖巧。"成为导盲犬需要一定的先天条件,通常会选择容易相处、友善的犬种,比如拉布拉多犬。"张伟民说。然而,因为Yoyo,黄子倩也吃了不少闭门羹。"前些年,有些店员不允许我带着导盲犬进店用餐,我们被拒绝了好几次。"

据介绍,香港有法律保障视障人士与导盲犬自由进出公众场所,包括酒店、银行服务设施、教育设施、娱乐设施、康乐设施、交通运输设施等。当使用者遇到被拒绝入内的情况,可以向特区政府相关部门投诉。

四月的"导盲犬日"

2019年4月27日是4月的最后一个周六,记者来到香港中环摩天轮下的小广场。这天是"导盲犬日",数十只导盲犬及幼犬翻身躺下,露出肚皮,有

● 视障人士和他们的导盲犬　香港导盲犬服务中心提供

些更不时纵身跃起，与前来的香港市民亲密接触。

为了宣传导盲犬服务，香港导盲犬服务中心将每年的这一天定为"导盲犬日"。"训练导盲犬不是做生意，无法用金钱来衡量。只要导盲犬能为视障人士服务就行。"张伟民说。

事实上，特区政府提供的资金无法完全支持中心运转，张伟民每个月都要掰着手指计算。"成功训练一只导盲犬大概需要25万港元，而租金、水电费、人工费也需数万港元。"从2012年起，香港导盲犬服务中心举办了超过600场导盲犬筹款及宣传活动。因致力于导盲犬服务本土化及普及化，张伟民曾获得香港慈善机构义务工作发展局颁发的杰出义工奖。

目前，全港工作中的导盲犬不到30只，大量视障人士未能使用导盲犬服务。"希望香港特区政府能多发展导盲犬服务,让导盲犬服务扎根香港,为更多视障人士提供服务。"张伟民说。为了解决导盲犬供不应求的问题,2015年,香港导盲犬服务中心成功培育出香港第一胎本土导盲犬幼犬,至2017年已繁殖了五只幼犬。

随着多家导盲犬服务机构对导盲犬服务的推进,香港社会对导盲犬的认知和接纳也有所改善。香港导盲犬服务中心现有登记义工约700人,义务照顾导盲犬幼犬的寄养家庭有20多个。张伟民说,一只导盲犬的服务寿命为八至十年。两年后,六岁的导盲犬Yoyo将面临"退休"。"如果我的家人愿意收养它,我希望Yoyo可以一直陪伴我。"黄子倩说。路口的绿灯再次亮起,"嘟嘟"声依旧很急促,忙碌完一天工作的黄子倩拉着导盲犬Yoyo消失在黄昏的人群中。

手 记

香港导盲犬服务中心位于新界葵涌的一个小区,当我靠近大门口时,一股浓浓的导盲犬体味扑面而来。一只白色导盲犬和一只褐色导盲犬安静地趴在地上,香港导盲犬服务中心主席张伟民看着地上的导盲犬,满脸宠溺。张伟民有丰富的导盲犬训练经验,亲手训练了很多只导盲犬。"我们和导盲犬不能太过亲密,毕竟它们有一天会离开我们,与视障人士一起生活。"采访中,我也感受到导盲犬训练的不易。张伟民说,导盲犬训练周期漫长,训练费用较为昂贵,中心运转并不容易。为此,香港导盲犬服务中心多次组织自愿捐款活动,筹集导盲犬训练费用。香港视障人士属于弱势群体,导盲犬无疑是他们生活中的一束光,而像香港导盲犬服务中心等组织,便是为他们带来光的使者。(洪雪华)

故事 41

旧爱仍是美：一家二手衣寄卖店的环保实践

陆敏　王一娟

●"我是二手"的玻璃展柜　　陆敏摄

位于香港黄金地段的湾仔集成中心商场内，一家时装店铺吸引了记者的目光。店铺门口没有靓丽时装，也没有身材曼妙的模特儿，只有一个巨大的透明玻璃柜横卧，随意扔进的各种衣物，堆满了大半个柜子。柜子上面写着醒目的英文——I SECOND（我是二手）。

这家名为"GREEN LADIES"的店铺是一家二手时装店，八年前在香港率先创立二手时装寄卖模式，目前已开了三家连锁店，经营范围也从女装延伸到童装。在纺织品浪费已造成环保问题的时下香港，用自身探索践行环保理念，助力消费品再用文化的推广。

时尚何价？吊牌上的数字令人心惊

走进店里，随便在衣架上取出一件衣物，都印有"时尚何价"的吊牌，下面标着不同的数字，其下一行小字，揭示着与这一个个数字相关的沉重现实——"2,700：生产一件T恤所用到的棉花量，要耗约2,700公升淡水来种植""1,400：港人每年丢弃超过11万吨纺织物，相当于每分钟抛弃1,400件T恤"……

"这些都是我们从各种环保团体收集的数据，制成吊牌，随机挂在衣服上。"项目经理李珮婷介绍说，对毕业于香港浸会大学环保专业的她来说，这些工作得心应手。"时装日新月异的消费时代，香港每天都有大批衣服被主人淘汰，给环境带来很大压力。孩子长得快，童装没穿几次就穿不了了，非常可惜。能否为这些仍有再用价值的二手衣物另觅新主人？"这样的思考成了店铺创立的缘起。

时装是世界上污染最严重的产业之一。作为一个时尚之都，纺织品浪费已成为香港不可忽视的环境问题。有机构2017年的调查数据显示，香港人一年花费250亿港元购买衣服，香港女性平均拥有109件衣服，其中有20件不再穿，逾五成受访者拥有尚未剪吊牌的服装。

旧爱仍是美。本着这一理念，"GREEN LADIES"于2008年创立二手衣物店，为旧衣延长生命。然而过程并非一帆风顺。开始时他们出售收集来的捐赠衣物，由于不能保证衣服质量，效果并不好。

2011年，他们首创寄卖经营模式，与寄卖者三七分成。在收到衣物时，店里一定会检查衣服包括洁净度、款式、成色，都达到标准才接受寄卖，以确保衣服质量，并经过高温蒸汽蒸熨处理后再予出售。经此调整，服装质量得到提升，客人也明显增多了。"售卖率从当初的25%提升到了60%以上。"李珮婷告诉记者。

"倒米"四部曲与众不同

与想象中二手店的陈旧落伍完全不同，"GREEN LADIES"店铺里，一排排时装按照不同的品类和色系挂在不同货架上，货品琳琅满目，陈设靓丽时尚，大幅彩色海报高挂，木制首饰陈列台、木门试衣间和木格子收银台，又透出几分简约古朴。

这里的成人女装从20多岁到60多岁都有，服装的款式和成色也都比较新。"我们这里的服装都是三年内、八九成新的款式。"店员介绍。

与其他店铺最大的不同，这里采用的是"倒米"的销售方式。"粤语'倒米'的意思类似于普通话的'自己坏自己的事'，店员不是积极推销，反而用多种方式提醒客人多想想，是否真的需要购买，尽量避免冲动购物。"李珮婷笑着说，"我们有'倒米'四部曲"。

第一部，吊牌。"顾客看中了衣服，第一反应就是去看吊牌上的价格，你看这上面是2,700的数字"，她随手掏出一件衣服的吊牌，"顾客会很惊讶，这么贵？！再一细看，下面一行小字：生产一件T恤所用到的棉花量，要耗约2,700公升淡水来种植。读完这一行，再往下，才是这件衣服的标价"。第二部，试衣。香港很多打折店或者折扣衣服都不让试，但是他们鼓励试衣。在试衣间的木头门上，醒目地刻着一行英文："Try before you buy.（试试再买。）"第三部，试衣间的墙上，用英文写着"买还是不买？再想想"。第四部，收银台的背景墙由各种原色木盒搭成，面板上写着"简单是美""花费更少，挑选更好"等提示语。

记者看到，在这里逛店的顾客还不少。"在这里逛店，我都喜欢先看看吊牌，总会提醒自己不要买多了。"在

●店里会有环保手工产品出售　　陆敏摄

附近一家公司上班的林小姐工余常常会来这里逛逛。"以前我是个购物狂，但买得越多厌倦得越快，有的衣服吊牌还没剪掉就不喜欢了。"她拿着一件衣服说，"这家店虽然卖二手衣服，但都比较新而且款式时尚。我觉得自己过去太浪费，现在买东西会克制。自己的衣服也会捐赠，算是为保护环境尽点儿心意。"

环保平台汇聚同道

环顾四周，小小的店面颇像一个小型环保教育平台，"寄卖二手时装，让旧爱成为别人的心头好"，随处可见的牛皮纸小册子用醒目的黑体字提醒顾客，"改变，源自您的一小步"。墙上多处张贴着"停收皮草"的海报——"您的时装选择，它的生死关头"。

"这里汇聚了一批热爱环保的同道。"李珮婷指着头顶上的大幅海报说，这些参与海报制作的环保大使来自各行各业，都是无偿来为店里助力的，他们本身也都是环保爱好者和践行者。"比如这位尹宝燕就是环保二手衣平台'执嘢'的创始人，还有这位Christina Dean也一直在国际市场上推动服装再用。"李珮婷告诉记者，湾仔店这家房东也是个热心公益的人士，一直比较支持他们。

按照约定，如果寄卖的衣服超过两个月未能售出，店里会将这些衣服捐赠给不同团体，或者举办小型卖场，低价售卖。售卖收益拿出四分之一用于"绿色教育"，举办一些环保活动。

● 二手环保店里顾客不少　　陆敏摄

在环保亲子活动中,小店长体验活动特别受欢迎,店员笑着介绍:"问孩子们,什么是'二手'?孩子们都天真地伸出了双手。"通过这样的活动给孩子们普及"二手"和环保再用小常识,在活动中提醒孩子们注意不要弄脏了自己的衣服,爱惜使用,将来还可以分享给别的孩子。

目前,"GREEN LADIES"在香港的三家店平均每年收集18万件服装,可售出13万件,这个比例比开店之初提升了很多,经营上基本达到了收支平衡。"'旧爱仍是美','再用'也可以很时尚。我们希望更多人打破对二手衣物的成见,尝试二手衣物,为环境做贡献。"李珮婷说。

手 记

观察香港的城市管理,在诸多亮点中,我发现香港在全社会形成了以"惜物、减废"为价值观和生活方式的消费品"再用文化"。在对"再用文化"的采访中,我获知香港有二手时装店、二手手袋店和电子产品跳蚤市场等,我找到了率先在香港创立二手衣寄卖模式的这家时装二手店。该店完全打破了我对二手衣店陈旧杂乱、门庭冷落的印象,这里不仅服装靓丽、店面时尚,而且细节到位,环保主题突出。店里人来人往,年轻顾客不少。我想,循环再用的环保文化要实现可持续发展,必须要跟上时代节奏,年轻化、时尚化,才能吸引和影响青年一代。在这一点上,这家二手店的环保探索应该说有特点、有价值、有意义。(陆敏)

5 生活百态

故事 42

24小时店：见证夜的香港

丁梓懿

●入夜的香港中环兰桂坊　　李鹏摄

●2020年1月中旬某一晚的午夜时分，湾仔区一家7-Eleven便利店，仍有不少市民惠顾　丁梓懿摄

"嘀嗒，嘀嗒……"时针指向零时，走在香港街头，你会看到怎样一番光景？是依然霓虹闪烁的商业圈？是通宵营业的便利店？是彻夜不眠的漫游人？还是无家可归的露宿者？

越夜深越疯狂的酒吧街

铜锣湾的夜晚，充满光亮与喧闹。"深夜前来吃饭的人，以香港年轻人居多。前段时间恰逢世界杯，来店里吃饭观赛的人更加多了。"铜锣湾一家餐厅的老板告诉记者，人们白天工作忙，只有晚上才有时间出来与朋友吃饭聊天儿、娱乐消遣。

位于九龙的尖沙咀、油麻地、旺角和港岛的中环也是体验香港夜生活的主要集中地，而其中最著名的是兰桂坊。每到晚上，时尚达人、雅痞一族和来自世界各地的游客便会聚集在这里。

"跟世界很多其他城市不一样，香港的晚上是醒着的，你不会感到无聊，总能找到吃饭和娱乐的地方。"来自美国的艾伦说，香港是一座越夜深越疯狂的城市，这里的夜生活多姿多彩。

2018年7月上旬的一晚，艾伦和一帮朋友来到位于中环德己立街的一家酒吧内。店内人头攒动，气氛十分热烈，几台壁挂电视机前围满了观看世界杯的球迷。他们有些人脸上画着所支持国家的国旗，有些人身着所喜欢的球员的球服。人们时而大声欢呼，时而捶桌叹息，将这个夜晚过得无比喧腾和热闹。

在通宵咖啡店享受慢生活

九龙深水埗，夜已深，一家通宵咖啡店招徕着往来客人。他们中，有刚加完班的下班族，有品尝美食的游客，有刚刚大学毕业的年轻人，有钟情于享受夜生活的"夜猫子"。他们或形单影只，或三五成群，在城市里大部分人安然入睡的时候，他们方才登场。

店主"阿蛋"只有22岁,他之前的工作是制作手工糖果,对咖啡一无所知,后来在一家咖啡店认识了现在的拍档阿乔。"80后"阿乔在咖啡行业已有10年经验,成熟老到。年龄相差十几岁的两个人,为何能走到一起创业?阿蛋说是因为"梦想"。

"在香港,晚上如果想喝咖啡,只能去麦当劳,而那里的环境又不太适合聊天儿,我们就想开一家通宵精品咖啡店。"阿蛋向往慢节奏的经营方式,他说,为客人带来轻松愉快的感觉是他一直追求的。

这间面积20多平方米的咖啡店充满了人情味。"有些客人遇到不开心的事情便会找店员倾诉,我们就负责当一个聆听者。"阿蛋微笑着说,"还有一位老奶奶每天都会带着两个孙女来喝咖啡、吃甜品。老奶奶喜欢和我们聊点儿日常事,两个小妹妹会开心地告诉我们在班上遇到的趣事"。

充满温馨气息的便利店

除了餐厅和酒吧,在香港遍地开花的7-Eleven便利店,许多都是通宵营业,为人们提供各种各样的特色小吃:烧卖、肠粉、炒面、咖喱鱼蛋……

正值夏夜,九龙塘一家便利店时不时有人进进出出,有人手捧一只阿华田甜筒边走边吃,有人拿起一支冻维他奶一饮而下。不论是夜里几点钟,总会有热心的店员招呼你。

曾有便利店工作人员透露,地理位置较好的通宵营业便利店在夜晚11时到早上7时的销售额一般能占全天销售额的三至四成,这个时段商品的销售毛利率也较高。此外,半夜非营业高峰期,交通相对顺畅,物流和收货效率也都较高。工作人员也会顺便进行店面整理和清洁维护,不会对顾客产生过多干扰。

在人们把酒言欢、谈笑风生、充分享受夜生活的同时,还有这样一群人,他们因为房租高昂、居住环境不佳、失业等种种原因,不得已借宿在一些24小时营业的快餐店内。这些人中有男有女,有老有少,被称为"麦难民"。

24小时店，见证夜的香港
视频记者：万后德
摄像：万后德
剪辑：万后德

● 凌晨时分，在香港油麻地一间24小时营业的麦当劳店里，还有不少市民在这里饮食、休息，有一些无家可归的人，会选择整晚待在这里 万后德摄

● 2018年6月16日晚，湾仔一家餐厅内气氛热闹，人们正在观看世界杯比赛
丁梓懿摄

香港社区组织协会曾于2017年做过一项调查，在香港73家24小时营业的快餐店内共有384名夜宿者。在受访者中，男性占近九成，平均年龄约为52岁，平均在麦当劳留宿超过23个月。不少快餐店都会体谅这些留宿者，直到天亮才要求他们离去。

入夜的香港，依旧车水马龙、灯光璀璨，这些24小时店就像夜色中点亮的篝火，在沉睡的水泥森林中，显得格外温馨。

手 记

我原本是早睡早起的人，但在这次采访中，我几次探访了位于深水埗的24小时咖啡店、多家位于港岛和九龙的7-Eleven店，以及兰桂坊的酒吧、湾仔的营业至深夜的餐厅。我忽然发现，夜色中的香港，气质与白天完全不同，既能感受到她华丽璀璨的一面，也能品味到她的市井百味。冷色调的夜晚，那些暖心的事更让人心生感动。我也由此喜爱上了夜的香港。（丁梓懿）

生活百态

故事 43

球叔的"写信佬"生涯

洪雪华

●球叔在敲打着这台保留着岁月印记的打字机　洪雪华摄

●油麻地玉器市场右侧，球叔在书信摊"梁老易"里等待着客人　洪雪华摄

2019年5月初的一个午后，阳光格外刺眼。走出油麻地地铁站，沿着庙街，在甘肃街与炮台街交界处，玉器市场便映入眼帘。

玉器市场内，来往游客并不多。数个书信摊位于右侧角落，形成一排。"梁老易"，一个手写招牌映入眼帘，招牌下一位身着黑色马甲的长者轻摇纸扇，在两三平方米的摊位里等待着客人。

这位长者叫陈球，77岁。书信摊"梁老易"主要提供写信、报税的服务，球叔因此被客人们称呼为"写信佬"。每天早上，他从红磡黄埔的家出发，早上10点到摊位，下午6点准时下班。

摊位正中间是球叔的办公桌，一台老式打字机占据了三分之二的空间。40多年来，手指敲击打字机黑色圆键时发出的"哒哒"声，成为玉器市场里的独特音符。

球叔是越南华侨，年轻时在越南的一家美国影业公司当会计主任，精通中文、英语、法语和越南语四门语言。20世纪70年代，他离开越南来到香港。初到香港，球叔在尖沙咀一家酒吧当调酒师。后经人介绍来到油麻地玉器市场里的书信摊"梁老易"当助手。"揾食不易，我白天在酒吧工作，晚上下班后就到书信摊帮客人们写信。"1979年，球叔正式接管"梁老易"，开始了"写信佬"的生涯。

事实上，20世纪40年代，香港就有"写信佬"。那时候电话还没有普及，人们远距离交流主要靠书信，有急事才会打长途电话或发电报。到了50年代，香港经济发展进入起步阶段，各行各业逐渐兴起。"写信佬"的生意也跟着红火起来，书信摊主要集中在油麻地云南里一带。

球叔介绍，书信摊的"写信佬"们来头可不小。"他们有的人曾从事高薪

生活百态　213

● 陪伴了球叔40余年的老式打字机，仍能发出清脆悦耳的"哒哒"声 洪雪华摄

职业，只是步入中年后，为了维持生计，转而成为'写信佬'。"球叔旁边书信摊的"写信佬"就曾是香港的粤剧名伶。那时，找球叔写信的大多是背井离乡的人，有的来自内地，有的来自东南亚，但都不识字。他们在摊位旁念叨着对亲人的寄语，球叔就用打字机敲打下一个个字符。"他们一般会在信上简单问候亲人，只报喜不报忧。"信件内容虽简单，异乡人的生活艰辛和浓浓的乡愁却瞒不过球叔。他回忆道，有些客人只身在香港打拼，一说到自己的辛酸史便泪流满面，他不愿意看见客人们伤感的样子，有时候还会拒绝帮他们写信。

"我们每天很早就开始为客人写信，到晚上才收工，有些客人还要排队等候。"客人多时，球叔每月收入数万港元。到了70年代，香港已有30多位"写信佬"。那时候长途电话费昂贵，很多客人依旧会找球叔代写书信，有中文信，也有英文信。

有些熟客，一光顾便是十几二十年。他们闲聊家长里短时，球叔总会耐心细听，从不多问。"我知道了很多客人的家庭故事，但要帮他们保密。"球叔说，这是"写信佬"的行业规矩。到了20世纪80年代，香港开始普及教育，市民的教育水平不断提高。之后，随着互联网时代的来临，找球叔代写书信的客人越来越少了。

1997年香港回归后，特区政府推行"两文三语"政策。特区政府公函及大机构的文件均为中英文版本，找球叔阅读及回复英文书信的人也不多了。曾经光顾书信摊的很多客人都用上了手机和电脑，但那台老式打字机仍然占据着球叔办公桌的"半壁江山"。油麻地玉器市场里，也仅剩下三四位"写信佬"。

几天后，当记者再次见到球叔时，他正忙着帮两三位客人报税，这是他目前主要的收入来源。"报税也分淡季和旺季，旺季大约在每年的4月至6月。"摊位右侧多层文件柜里，放置着球叔七年来帮客人报税的单据。"我们一般会帮小巴、的士、货车司机和小

●球叔正在为客人报税，如今这是他主要的收入来源　洪雪华摄

商家报税，每次收费约700至1,000港元，比会计师便宜很多。""写信佬"们深谙时代变化的规律，积极转型。

如今，球叔每天有两三位客人找他报税，每月收入一万三四千港元。因为帮客人们撰写文件和报税，客人们改称他为"市民秘书"。"不管是代人写信还是报税，我们都可以利用自己的学识为客人服务。"球叔说，他也喜欢这个称呼。

球叔许久不用老式打字机帮客人们写信了，但他还是很喜欢这台保留着岁月印记的打字机，敲击键盘时仍能发出清脆悦耳的"哒哒"声，仿佛时光倒流，乡音乡愁，耳语低回，纸短情长。四五年前，球叔的听力开始衰退，腿脚也不再灵便，但他依然坚持每天上班。"只要身体状况允许，我会一直守着这个摊位。"球叔说。

手记

对球叔的采访，更多的是无声的交流。因为球叔听力退化，采访时尽管我努力提高嗓门，但他依旧听得不清晰。于是，我把采访问题写在纸上，拿给他看，采访就这样持续了两个小时。也许是数十年"写信佬"生涯练就了他的耐心，球叔干脆直接在纸上写下他的回答。目前，香港仅剩四五位"写信佬"，但他们不再以"写信"为生，而是帮客人报税。采访结束后，球叔戴上一顶带有银色亮片的鸭舌帽，与他的黑色马甲和旧式书信摊，有种莫名的反差。球叔说："有的做就做，没的做也不抱怨。"数十年的坚守，让他多了一份坦然。（洪雪华）

生活百态

故事 44

霓虹灯招牌：
点亮昔日"繁华晚妆"

洪雪华　章颖

●30余平方米工作室内，香港霓虹灯手艺人胡智楷在制作霓虹灯　吕小炜摄

葵涌工业大厦里，30 余平方米工作室内，微暗灯光下，53 岁的胡智楷将霓虹灯一曲一扭，这是他这个月少数几个订单之一。几年前，弥敦道中华书局的招牌也被拆除了，招牌上是他精心制作的霓虹灯。霓虹灯招牌曾是"夜香港"的灵魂。夜幕降临时，成千上万霓虹灯亮起，各色灯光勾勒出香港街道和小区的形状，整个城市灯火辉煌。

最后的霓虹灯手艺人

工作室左侧摆放着一个立体人脸霓虹灯，通电之后便散发红白光芒，这是胡智楷 20 多年前的作品，那时候他已经是一名霓虹灯手艺人。

胡智楷 17 岁开始学习制作霓虹灯，接触这个"朝阳行业"。20 世纪七八十年代，香港经济腾飞，霓虹灯行业迎来黄金发展期。"当年公司霓虹灯订单很多，师傅们忙着赶制订单，我就在一旁看着，半年后就学会了。"

霓虹灯是一根普通的玻璃管，在 1,000 摄氏度高温的火上烤软后，能弯曲成各种形状。将玻璃管抽成真空后注入不同稀有气体，通电之后，闪烁几下，便能散发彩色光芒。

20 世纪八九十年代，香港娱乐圈群星闪耀，霓虹灯常出现在演唱会等场合。"我偶然见过梅艳芳，当时我去演唱会送霓虹灯。"行业兴旺期，胡智楷有时一天工作 20 多个小时，甚至连续好几个星期不回家。"订单多，工作强度大，每月收入有四五万港元。"他说，彼时香港有 100 多名霓虹灯手艺人，超过 300 间霓虹灯招牌制作公司。"我们用了约 5,000 根霓虹灯玻璃管，花了两三个月为香港中银大厦外墙制作三角形霓虹灯。"胡智楷回忆起昔日作品，难掩自豪。

然而，随着发光二极管（LED）技术于 20 世纪 90 年代出现，霓虹灯行业逐渐式微。"LED 灯节能、省电、亮度好，很多商家转而选择 LED 灯。"入行 30 余年，胡智楷看着手艺人纷纷转行，如今仅剩七八名，最年轻的也有 40 多岁。

在特区政府政策推动下，旧式霓虹灯招牌慢慢在街道上消失。至 2014

● 霓虹灯手艺人胡智楷在制作霓虹灯

吕小炜摄

年，香港约有12万个外墙招牌接受屋宇署"违例招牌检核计划"，不合规范的旧式霓虹灯招牌被清拆。"事物不可能永远不变，霓虹灯逐渐成为室内装饰品，但只要还有人需要，我就会坚持下去。"胡智楷表示。

霓虹光影指引"行街"方向

20世纪30年代，霓虹灯招牌制造技术引入香港。到50年代，香港经济和工业发展正值起步阶段，商品推销需求庞大，霓虹灯招牌逐渐成为一种新型广告方式。

"为了吸引顾客，五金店、理发店、手工鞋店、小吃店的老板们费尽心思制作霓虹灯招牌，甚至请书法家来题字。"香港理工大学设计学院助理教授郭斯恒介绍，60年代百业兴旺，霓虹

● 冯达炜、麦憬淮在"城街·招牌"展览室内合照　受访者提供

灯招牌需求增加。80年代，当胡智楷初入霓虹行业时，郭斯恒所生活的旺角花园街的一栋旧大厦里，霓虹灯招牌指引着他回家的方向。

"儿时放学后需要自己回家，但我家大厦与附近旧楼外观相似，我经常找不到回家的路。"郭斯恒说，后来，家人告诉他，回家的路上有霓虹灯招牌：先经过"明远酒家"，接着看到"友联粉面厂"，家就在制面厂楼上。

通过招牌寻找方向的"小技巧"，让郭斯恒成为"行街高手"。"印象最深的是位于佐敦的'妙丽百货'霓虹灯招牌，有一至两层楼高，外形犹如孔雀开屏，中间写着'妙丽'二字，十分抢眼。"

四年前，郭斯恒走遍大街小巷，记录正在消逝的霓虹灯招牌，写下《霓虹黯色》一书。书中提到，香港街道复杂，很多人通过招牌辨认方向。20世纪90年代中后期，从港岛西的上环到港岛东的小西湾，10多公里的海岸边，光是几百平方米面积的巨型霓虹灯招牌就有40多块，中小型的霓虹灯招牌更难以计数。各种招牌展示着万商云集的香港特色。

街道到展览室的迁徙

80余载春秋变换，霓虹灯行业经历从鼎盛到式微。幸运的是，心思细腻的有心人开始收集被拆除的旧霓虹灯招牌，将它们从街道转移到展览室，赋予招牌二次生命。香港建筑师冯达炜、麦憬淮便是这样的有心人。2019年3月，两人共同设计"城街·招牌"展览，展出历时四年收集的六组旧招牌。近10平方米展览室内，红色灯光照射下，霓虹灯招牌散发着梦幻般的光芒。

生活百态

● 湾仔轩尼诗道,一块霓虹灯招牌仍在散发光芒 吕小炜摄

● 佐敦白加士街上,翠华餐厅霓虹灯招牌散发彩色光芒,摄于 2018 年 受访者提供

霓虹灯招牌：点亮昔日"夜香港"
视频记者：陈其蔓
摄像：周锦铭　梁嘉骏
剪辑：周锦铭　梁嘉骏
配音：陈其蔓

麦憬淮的霓虹记忆来自祖母。"小时候祖母告诉我，她幼时没有机会接受教育，通过霓虹灯招牌认字。等到我出生后，祖母已经能读报纸了。"在很多人眼中，霓虹灯招牌不仅是商业宣传，也是城市记忆的一种寄托。

2015年，冯达炜和麦憬淮将一块被拆除的当铺霓虹灯招牌搬回办公室，开启了收集旧招牌之旅。"我们会建议商家用其他方式将招牌保留在街上，例如将旧招牌的字体放在新招牌上，或者将旧招牌放入店铺橱窗或室内。"2017年，冯达炜和麦憬淮开设"街招"脸书账号，通过社交媒体平台宣传招牌文化。

"特区政府在评估拆除招牌时，也要考虑招牌背后蕴含的历史、文化及艺术价值。特区政府可以资助部分旧招牌翻新，让旧招牌重新出现在街道上。"冯达炜和麦憬淮表示。香港导演王家卫在电影《花样年华》中不时将镜头定格在霓虹灯下，构造了一个幽深梦幻的霓虹世界，仿佛令人置身昔日的"夜香港"。"霓虹灯是香港的视觉文化符号。"郭斯恒说。

手记

从霓虹灯手艺人胡智楷的工作坊，到香港理工大学助理教授郭斯恒的《霓虹黯色》，再到两位年轻建筑师的室内招牌展览，通过采访这些热爱霓虹灯招牌的有心人，我发现：五彩斑斓的霓虹灯招牌不仅是香港的"夜色精灵"，也是很多香港人的城市记忆。然而，随着LED灯行业的兴起，传统手工制作的霓虹灯招牌逐渐被市场淘汰，转而成为一些店铺的室内装饰品。在政府屋宇署的规管下，曾经满街的霓虹灯招牌也逐渐消失，夜幕降临时，少了些许霓虹灯夜景的灵动。谨以此文，希望更多香港人记住霓虹灯招牌这个城市视觉符号。（洪雪华）

故事 45

单身男女：
都市里的独行者

章颖　洪雪华

●2017年7月9日在香港油麻地，一家艺术酒店的玻璃墙和城市景象的结合相映成趣　王申摄

● "极速约会"概念图

2018 年 11 月一个周六的晚上,香港九龙一家布置雅致的咖啡厅里,22 对男女相对而坐,热切交谈。每隔数分钟,伴随着一声清脆的铃声,男士们起身移动到邻座,与另一位女士开始一轮新的交谈。这是一场典型的极速约会,忙碌的香港单身男女们期待在短时间内遇到心仪的约会对象,结束单身生活。就像电影《单身男女》里的台词:"我知道机会很渺茫,但是我还是想再试一次。"

这场约会活动的策划者 214 约会公司是香港一家历史比较悠久的约会服务公司。"每周我们会策划两到三次极速约会活动,一般有二三十位单身男女参与",公司创办人陈颖琛说,"现在年轻人都追求高效率,随着移动互联网的普及,极速约会的出现满足了大家的需求"。

从业至今,陈颖琛感受到,香港孤独的人不少。除夕、圣诞节、情人节,是一年里三个最特殊的日子,在这些节日里,她觉得举办活动已不再是单纯的商业活动,而是在陪伴这些孤独的人。"人最多的一次,在三四年前的平安夜,那天有 450 位单身男女来参加圣诞节派对,我觉得他们已经不仅是为了约会而来,而只是想要身边有人陪。"某种程度上,事实印证了陈颖琛的感觉。香港特区政府统计处公布的数据显示,2017 年香港 25 岁以上的未婚人口有 120 万,其中 30 至 34 岁区间女性未婚人口比男性多约 8,800 人。女性初婚年龄中位数也在逐年增加,2017 年为 29.6 岁。

香港中文大学社会学系教授蔡玉萍介绍,20 世纪 80 年代,香港就开始出现女性结婚年龄推迟的现象。她分析,从 1978 年起,香港开始推行九年免费教育,女性受高等教育的机会增多。大量增加的白领、政府雇员等职位提高了

生活百态 223

女性的就业率，更多女性希望有更多实现个人理想的机会。

蔡玉萍认为，在传统婚姻观念里，男性倾向于"向下"寻找伴侣，女性则相反："香港男女在劳工市场、教育机会方面平等了很多，但是婚姻观念还是很传统。这可能导致了婚姻市场里高学历、高收入的女性找不到合适的伴侣。"传统观念与社会发展相对不平衡，这种冲突使得受过高等教育、有一定收入的都市男女择偶范围变小了，于是一些单身人士将目光投向约会公司，寻找帮助。

目前，香港有近30家婚恋机构。2008年，总部在新加坡的一家名为Lunch Actually的约会公司在香港成立分公司，如今会员大约有20万。"香港很多在职单身人士工作时间长，生活圈子狭窄，欠缺机会或时间认识别人，我们希望帮助这些繁忙的人士找到他们的另一半。"香港区域经理林雪咏提起设立香港分公司的初衷时说。

公司对客户有一定的筛选条件："大部分要有大专以上学历，主要从事医生、律师、会计等职业。"林雪咏介绍，客户将自己的信息和对伴侣的要求提交给公司，与约会顾问面对面或电话交谈，随后接受安排与一位异性共进一顿午餐或晚餐。除却观念对单身人士带来的影响，"女多男少"也被视作香港单身人数居高不下的传统原因之一。然而，尽管香港男女比例失衡的情况一直存在且加剧，但一家名为HK Romance Dating的香港婚恋活动公司对约500位40岁以下的单身男女的访问调查结果显示，82%的单身女性认为"女多男少"不是造成其单身的主要原因，六成半男性认为这一现象并不会增加择偶选择。

"'女多男少'不是造成单身的原因。"该公司创办人张惠萍认为，不少香港单身男女在择偶方面设下较多条件，包括外表、身高、收入及家庭背景等。这类人士应积极地拓展社交圈，增加遇到心仪对象的概率，同时也需适当调整期望值。林雪咏也表示，部分客户被安排的约会对象不一定符合预期。她回忆道："曾经有一位女客户是一名律师，男客户是一个主题公园的演员，他们的背景有些差距，但我们觉得他们的性格和价值观很相符，经过约会安排，

2016 年 10 月 12 日，人们在海港城的诚品书店看书
王申摄

初次见面他们就擦出火花，后来结婚了。"

一种新的趋势开始出现，香港女性与内地男性结婚的数量逐渐增多。据统计处发布的数据，2017 年"港女北嫁"数量比 2007 年多了一倍。香港女性小英五年前嫁给了内地人王斌，他们的孩子已有三岁。王斌说："因为生活习惯的不同，我们相处过程中少不了一些摩擦和争执。但我们随时沟通，相互信任尊重，就没有什么解决不了。"

蔡玉萍分析说："一方面有更多女性前往内地工作，增加了与内地男性相识的机会，另一方面是随着内地经济的发展，内地男性经济能力增强。"她认为，"港女北嫁"的趋势未来可能会一直持续。此后的两周，陈颖琛的公司又举行了多场约会活动，更多香港单身男女参加了活动，期待找到心仪的另一半。至于最后的结果，她感叹道："缘分是一个很奇怪的东西。"

手 记

在采访过程中，我们曾遇到一位蔡姓女士，她告诉我们，她是经朋友介绍参加的"极速约会"，她当时只是打算通过这个活动结识一些朋友。结果，蔡女士一次约会就迎来了缘分，遇见后来的丈夫，一年之内他们就结婚了。谈起与先生结缘，她只说都是感觉。214 约会公司创办人陈颖琛坦言，她从业至今，遇到的客户里，有人见几次面就牵手成功，也有人先后来了几年。她感慨地说，缘分很奇怪，约会公司能提供的帮助是有限的。都市青年晚婚趋势难以避免。蔡玉萍说，其实父母不需要着急，一定要接受这个趋势："放轻松一点儿。"这也正是我想对大家说的。（章颖）

生活百态　225

故事 46

香港美食中的"武侠情"：
探访"射雕英雄宴"

李滨彬　张雅诗

● 中华厨艺学院的"矫若游龙五珍脍"　王申摄

● 《射雕英雄传》小说和中华厨艺学院
"射雕英雄宴"菜谱   李鹏撰

金庸武侠名著《射雕英雄传》中，黄蓉为洪七公烹制"二十四桥明月夜""君子好逑汤"等美食，诱得洪七公对郭靖倾囊相授"降龙十八掌"。这些为人津津乐道的菜式能在现实中呈现吗？在香港，当美食遇上武侠，会擦出怎样的火花？

2018年6月的一天，记者来到香港中华厨艺学院，厨师和学员们正在烹制"射雕英雄宴"。"《射雕英雄传》中，洪七公是个出名的美食家，一生追求味蕾享受，女主角黄蓉聪明灵巧，厨艺了得，活活就是一位厨神，所以这部小说对美食的描写较多，也为香港餐饮界所关注。"中华厨艺学院中式餐饮及营运课程经理刘惠平说。

现场几位厨师和学员正烹制"二十四桥明月夜"，这是小说中黄蓉为洪七公精心烹制的一碟豆腐菜式。厨师先在全只干火腿上挖出24个圆孔，再将豆腐削成24个小球并放入圆孔内，扎住火腿再蒸熟，让火腿鲜味融入豆腐中，吃时火腿弃之不食。另几位厨师正在制作"君子好逑汤"，大家按照小说中的描写，用菠菜打成汤，再放上酿入雀肉的去核樱桃，映衬着鲜嫩的竹笋丁，红白绿三色辉映。

在小说中，黄蓉对洪七公介绍，竹解心虚，乃是君子，莲花又是花中君子，因此这竹笋丁儿和荷叶，说的是君子。《诗经》中有"关关雎鸠，在河之洲，窈窕淑女，君子好逑"，因此这汤叫"好逑汤"。

当天的"射雕英雄宴"共八道菜式，以上两道将《射雕英雄传》中所描述的做法原汁原味地呈现。其余六道菜式灵感均取自小说，并加以变化而成，分别取名："东西南北中神通""矫若游龙五珍脍""七公荷香叫化鸡""岁寒三

生活百态   227

● 中华厨艺学院在比利时布鲁塞尔展示"射雕英雄宴" 中华厨艺学院提供

友聚一堂""鸳鸯锦帕欲双飞""桃红玉露兰香卷"。

查传倜是查良镛先生的儿子,也是一位美食爱好者和食评作者。据他回忆,父亲当年是位报人,每晚回家都是凌晨两三点,经常吃冷泡饭,能够写出很多奇思妙想的美食主要得益于他读了很多书,从传统文化中汲取了很多精髓。

"比如'二十四桥明月夜'这道菜,一整只火腿挖 24 个孔,放入 24 块豆腐,雅俗共赏,火腿味浓、豆腐味淡,一荤一素、一浓一淡,两极融入在一起,阴阳协调,体现了中国传统的儒家和道家思想。"查传倜说。

漫画家李志清曾为《射雕英雄传》画过插图,出版过《射雕英雄传》的漫画,他的漫画里出现过"二十四桥明月夜"和"君子好逑汤"等美食。他表示,当时看到武侠小说中对食物的描写,眼前立即出现了一幅色香味俱全的画面。

"武侠小说的世界包罗万象,描述美食主要是剧情所需。当然,作者的功力令美食也成为吸引读者的元素。我的漫画,主要从金庸小说而来,使之图像化,正如画其他画种一样,画美食,要令观者觉得垂涎三尺。"李志清说。

刘惠平介绍,"射雕英雄宴"最早在 20 世纪 70 年代由镛记酒家和美食家蔡澜先生共同研发菜单,目前香港共有四家机构做过"射雕英雄宴"。中华厨艺学院团队用了差不多一年时间筹备才烹制出"射雕英雄宴"。

"矫若游龙五珍脍"是中华厨艺学院研发的一道菜。中华厨艺学院总教导员陈启汉说:"小说中洪七公很喜欢吃这道菜,但这道菜连黄蓉都不会做,因为只有在皇宫里面才能吃得到。后来他再想吃的时候,就只能偷偷溜进皇宫里,偷吃皇帝的菜。"

师傅们首先学习"脍"的烹调方法,然后再构思每一个细节。"我们去找一些有关宋朝饮食的书籍,了解他们当时流行哪些菜肴以及当中的烹调方法,然后跟着去做。"陈启汉说。

● 中华厨艺学院在欧洲展示"射雕英雄宴" 中华厨艺学院提供

香港美食中的"武侠味":探访"射雕英雄宴"
视频记者:万后德
摄像:万后德
剪辑:梁嘉骏 万后德

除了菜式本身,宴席的菜谱、摆位设计也引入了小说特色,比如座位按照南帝、北丐、东邪、西毒和中神通来摆放;菜谱设计成蓝色的类似武林秘籍的小册子;餐桌上放着学员设计的"降龙十八掌"招式纪念品。

2017年,中华厨艺学院获香港特别行政区驻布鲁塞尔经济贸易办事处邀请,首次将《射雕英雄传》中出现的传奇菜式在欧洲呈现,获得宾客一致赞赏。

曾担任香港特区政府财政司司长的梁锦松认为,把美食和文化共冶一炉,是香港一项颇具特色的创意产业。从事餐饮业约40年的刘惠平感慨道,武侠和厨艺是相通的,学厨艺就像去少林寺学功夫,要练好基本功,提升厨艺和厨德。基本功扎实,才能创新烹调方法。香港人聪明地将各种外来文化融入本地文化中,融合中西佳肴,成就了今天的国际美食之都。

手记

做"射雕英雄宴"这个选题的缘起,是一次偶然在电视节目中有嘉宾谈论金庸先生武侠小说《射雕英雄传》中的一道菜"二十四桥明月夜",而这道菜竟然被研发了。我觉得香港美食和武侠的结合是一个很有趣的点,于是当即就搜集了一些资料。后来通过朋友介绍,找到了香港中华厨艺学院中式餐饮及营运课程经理刘惠平,他曾经带领香港名厨,首次将《射雕英雄传》这部武侠经典中出现的传奇菜式在欧洲呈现,获得宾客一致赞赏。这席别具匠心的"射雕英雄宴"不仅色香味俱全,而且充满文化内涵和武侠的神秘色彩,更能体现香港把美食和文化共冶一炉的独特文化。(李滨彬)

生活百态 229

故事 47

寻找香港街头巷尾的"武侠味"

李滨彬

● 杭州酒家门前湾仔道的街景　梁嘉骏摄

金庸在武侠小说《神雕侠侣》中借郭靖之口说过："侠之大者，为国为民。"武侠精神在香港备受推崇，有其心向中华文化的情感基础。在这个国际美食之都，品味舌尖上的武侠味，内中的感觉别有深意。

金庸笔尖下的武侠美食奇思妙想，让人垂涎三尺。出生于浙江的金庸，对杭州菜情有独钟，香港有名的杭州餐馆都留下了他的足迹。湾仔道和庄士敦道是具有典型香港特色的街道，"叮叮车"和轿车有条不紊地运行，建筑鳞次栉比，许多老店藏匿其中。杭州酒家就位于这里，它的老板吴瑞康出身厨师世家，父亲曾掌勺杭城老字号杭州酒家。

香港的武侠美食中，"叫化鸡"这道江浙菜较常见，这是黄蓉给洪七公烹制的第一道菜，香气四溢，洪七公风卷残云地吃得干干净净。"我们的'叫化鸡'为金庸和饶宗颐所爱，他们每次必点。饶宗颐97岁来杭州酒家时能吃完一整只鸡大腿。"吴瑞康说，杭州酒家的"叫化鸡"是地道的杭州口味，需要用酱油和绍兴酒腌制一小时，主要食材包括：绍兴酒坛泥，三层杭州荷叶，鸡肚子里塞昆明大头菜、洋葱和猪肉丝，用荷叶和泥包好后再烤四小时以上，由于汁多味鲜肉化了入味，很受食家喜爱。

吴瑞康回忆，金庸来这里吃莼菜鱼元时，讲起"莼鲈之思"的典故。西晋文学家张翰被任命为齐王的东曹掾一职，他在洛阳见到秋风吹起，思念起家乡吴地的菰菜、莼羹和鲈鱼脍，认为人生贵在顺遂自己的意愿，不能为了名位而在家乡数千里之外当官，于是弃官还乡。"其实我看得出来，他讲这个典故，也是在说他自己。他感叹当时年纪大了，只能在香港多待点儿时间，他最忆是杭州。就因为这份故乡情，当年老人家来杭州酒家吃饭时便留下大幅墨宝，但由于没带印章，回家又重新写了一幅字盖上印章请人送过来。"吴瑞康一直心存感激。

从20世纪50年代开始，武侠文化在香港兴起，当年娱乐不多，报纸副刊都连载武侠小说，令其逐渐盛行，同时香港武侠电影、小说、漫画都蓬勃发展，还有功夫明星李小龙这个特殊人物，把中国武术带到国外，香港武侠文化的发展是时、地、人的适逢其会。曾

生活百态

● 金庸为杭州酒家题词　受访者提供
● 马荣德和同事正在制作"黯然销魂饭"　李滨彬摄

担任香港特区政府财政司司长的梁锦松说，我们这辈很多都是边看武侠小说边学中文的；梁羽生和金庸作品文字流畅优美，有很厚的国学根底，六艺诗词和佛道儒易穿插于小说情节中，我们耳濡目染潜移默化下，中文根底也就这样打下来。

"直到现在，还有不少到海外留学的学生，也是因为爱看武侠小说而学好中文。看得多，久而久之便培育出对国家和文化的认同，而在社会打滚，则需要行公义好怜悯。"梁锦松说。拥有"武侠味"的美食，更能唤起香港人的"武侠情结"。除了武侠小说，武侠电影也为香港美食地图增加了"侠味地标"。

有80多年历史的六国酒店位于湾仔告士打道，门前车水马龙，由此步行至铜锣湾约20分钟。六国酒店掌舵人和主厨们将电影中的"黯然销魂饭"搬到了现实世界。《神雕侠侣》中杨过曾创始武功"黯然销魂掌"。1996年的电影《食神》中周星驰饰演的主人公用功夫烹制的"黯然销魂饭"打动了人心。

六国酒店中菜行政总厨、香港中厨师协会会长马荣德介绍，现实中厨师不可能像电影中周星驰那样用"火云掌"煎蛋，只能用厨艺花心思煎蛋。"这道菜的灵魂在于鸡蛋，一面是脆的必须煎至脆边卷起，另一面不能煎熟，要求蛋黄中间流汁，最后用酱油淋上去包起来。"马荣德说，这道饭其实是叉烧饭加鸡蛋饭，再精选四川梅头叉烧等食材，最后用少许猪油混入"黯然销魂饭"中，热饭即弥漫扑鼻的香气，油质滑顺甘甜，让人直流口水。他笑着说，叉烧饭是最具香港特色的美食，香港人很爱吃，我们希望烹制出小时候妈妈做饭的味道，平凡中显出不平凡的老香港味。

寻找香港街头巷尾的"武侠味"
视频记者：万后德
摄像：梁嘉骏
剪辑：梁嘉骏　万后德

马荣德当厨师40多年，他说饮食创意好比武侠招式，武侠让人灵活思考，香港是一个国际都市，如同武侠里的各门各派取其长短相加以变化。他建议香港每年来一个武侠美食推广期，等同武林大会，让大家互相切磋，各出其招。香港这座国际美食之都将武侠文化和美食共冶一炉，烹制出舌尖上的武侠。

在香港金融机构工作的巴先生说，金庸写美食覆盖中国几乎所有的地区和主要菜系，有很强的包容性和多元性，香港餐饮也如此，中西荟萃，像特色各异、各有独门秘籍的武林门派一样。

香港的年轻创业者荣南期待香港能出现更多武侠主题餐厅，体现武侠故事情结。他认为年轻一代对武侠小说慢慢淡化，用美食方式唤起年轻人对武侠的认知，有助于传承中国传统文化。

金庸之子查传倜也是一位美食爱好者和食评作者，他说香港美食中西融合，这里的文化来自五湖四海，给大家充满想象力的空间。香港回归祖国后，两地交流越来越深入。他提出，可将武侠和美食有机结合，将"射雕英雄宴"在内蒙古大草原上演，还可以开发"桃花宴"和"鹿鼎宴"。

手 记

如果说"射雕英雄宴"是香港武侠美食"浓缩的精华"，那么，藏匿在香港街头巷尾的武侠美食更在细水长流中静静地讲述一个个与武侠有关的香港故事。为了做好武侠美食的报道，我将金庸先生的儿子查传倜先生、武侠画家李志清先生、中华厨艺学院中式餐饮及营运课程经理刘惠平和杭州酒家老板吴瑞康邀请在一起，共同探讨香港武侠和美食。我还找到了六国酒店中菜行政总厨马荣德先生，将六国酒店的"黯然销魂饭"也写进了报道。武侠美食系列报道播发后，受到了各地媒体的关注，受访者告诉我，有中国台湾人、马来西亚人拿着我们的报道找到他们，点名要品尝报道中的美食。这真是开心一刻！（李滨彬）

故事 48

香港美食：当"米其林"遇上"黑珍珠"

李滨彬

● 香港名人坊总厨郑锦富在制作"燕窝酿凤翼" 吴晓初摄

从市井排档，到先锋名店，香港既是平民美食的天堂，也是高端餐饮的万花筒。中外美食在这里汇聚，演绎出包罗万象、灵感不断的美食大观。

中西餐饮指南一般把香港作为"走出去"和"引进来"的第一站。那么在香港，当历史悠久的西方米其林指南遇上移动互联网时代的中国黑珍珠餐厅指南，会产生什么样的火花呢？

香港"隐世厨神"十年"摘星之旅"

隐藏于香港兰桂坊的名人坊高级粤菜餐厅的总厨郑锦富做粤菜已经40多年了，他曾获得"隐世厨神大奖"。靠天赋和努力成为名厨的他，现在仍然几乎每天去菜场亲自买菜，设计菜式。

记者来名人坊时正是春节前，这里的订单很多，也是郑锦富一年中最忙碌的时节，他正在制作这里的招牌菜"燕窝酿凤翼"。

"将鸡翅里的骨头和肉掏出来，把鸡翅多余的肉拿掉，将燕窝放进被掏空的鸡翅里，用牙签像缝衣服一样将鸡翅缝好，最后放到锅里炸。"郑锦富边做边介绍。炸好后的鸡翅呈黄金色，外皮焦香酥脆，里面裹着满满的燕窝口感细腻软滑，深受食客喜爱。

2019年已经是名人坊连续第十年摘星"米其林"。但郑锦富说，"米其林"每次颁奖前自己不知道，主办机构一般邮件通知餐厅获奖，并让去指定地点领奖，他并不知道"米其林"评委何时来店里吃过。他说，得奖很高兴，但主要是做好自己的餐厅，用心做每一道菜，认真对待每一位客人。

米其林指南评价，这家餐厅看似不出众但别具魅力，地方虽小却常客众多，因此必须提早预约。这里的广东菜餐牌精简，但全是大厨郑锦富的特选菜式。

1900年，米其林指南诞生于法国，指南中最著名的是在1926年面世并迅速成为美食界权威指标的"星级推介"。2009年米其林香港和澳门指南首次推出，港澳地区是"米其林"进入中国的起点。2019米其林指南中香港一共有63家餐厅摘星，汇聚各种风味，体现了香港饮食行业的百花齐放。

米其林指南国际总监普勒内克表示，港澳地区饮食在传统粤菜和澳门菜式的丰富饮食文化熏陶下，结合各国佳肴及饮食文化的影响，演化出独特的地区风味。

浓浓港味海鲜火锅摘钻"黑珍珠"

与郑锦富一样在获奖前毫不知情的还有香港高流湾海鲜火锅老板石辉明（飞哥），不同的是，他刚刚摘得的是2019黑珍珠餐厅指南一钻。

米其林星级餐厅获得的是一块星星形状的银色奖牌，上面标着获得的星星个数。飞哥拿出的黑珍珠一钻奖牌和米其林奖牌大小差不多，只是形状是圆形，颜色是黑色，中间刻着钻石个数。高流湾海鲜火锅位于尖沙咀，是主打优质食材的高档海鲜火锅。每到傍晚，店里就热闹起来，一楼大厅坐满客人，大家围绕在热气腾腾的火锅旁，品尝地道鲜美的海鲜。

飞哥从小在西贡的小渔村高流湾长大，家里经营鱼排。十几年前，他们把西贡的海鲜带到了繁华的尖沙咀。他认为一间成功的海鲜火锅餐厅最主要的是食材新鲜及保持食物的质量，卖不完的食材绝不能隔夜再卖。

一般来说能进入餐饮榜单的都是些高档的精品餐厅，火锅被认为是大众消费餐饮，为何会受到"黑珍珠"的青睐？"黑珍珠"和米其林指南又有什么区别呢？

"黑珍珠"评价，高流湾海鲜火锅是香港著名高端打边炉，店里的海鲜料足且新鲜，无须过多调味，简单配以蚝油，就能尝到最原汁原味的鲜美海味。黑珍珠餐厅指南是美团点评发布的首份提出中国美食标准的美食指南，目标是打造"中国人自己的美食榜"，2019年第二年发布，香港共有21家餐厅进入2019"黑珍珠"榜单，包括3家三钻餐厅、10家二钻餐厅和8家一钻餐厅。

美团点评黑珍珠餐厅指南负责人尹睿表示，"黑珍珠"偏重中国味蕾的标准来遴选香港美食，邀请评委匿名造访和评分，并由理事背对背投票最终把关，最后由第三方机构对理事会评审工作执行商定程序。

● 顾客在高流湾海鲜火锅店就餐　吴晓初摄

● 高流湾海鲜火锅老板娘将"黑珍珠"奖牌挂到收银台的墙上　吴晓初摄

生活百态　237

●法国餐厅 Caprice 主厨加利奥正在制作澳大利亚生和牛肉鞑靼拌法国鲜蚝配特级鱼子酱　吴晓初摄

尹睿表示,"黑珍珠"与米其林指南的评判标准及视角不同,所以会有不同的评判结果。米其林从"欧洲味蕾"出发,并不能完全代表中国美食。"黑珍珠"的理事及评委基本都是华人,希望通过具有中国饮食文化特色的餐厅评价体系,为消费者打造一份"精选中国味蕾"的美食指南。

米其林三星法国名厨的中国情结

法国餐厅 Caprice 在新出炉的 2019 米其林指南中由二星上升至三星,成为香港第七间米其林三星食府,同时摘得"黑珍珠"二钻。

Caprice 餐厅环境受到各方赞赏,装潢古典、格调高雅,悬挂的水晶吊灯富丽华美,在这里就餐,维多利亚海港美景尽收眼底。

米其林指南评价,Caprice 餐厅的法国菜式用各种高级食材辅以精湛调料技巧,每一道都将味道发挥到极致,餐厅的酒单选择更是琳琅满目。"黑珍珠"评价,Caprice 主厨对现代法式技艺的诠释很到位,同时也加入了亚洲和法国本土的一些口味元素,服务堪称完美。

2017 年,主厨纪尧姆·加利奥加入 Caprice,他擅长传统法国烹饪技巧并精于菜式中多种味道的平衡。他从小就梦想成为一位能烹制美味的大厨,刚工作时,他会查阅米其林指南,一家家地去试吃米其林星级餐厅,找寻各种味道的奥秘。他在美国纽约、摩纳哥、中国澳门、新加坡等地都工作过,对全球各地的美味都有自己独特的研究。

2008 年北京奥运会时加利奥在北京工作,中国的工作经验让加利奥有机会接触和了解中菜味道和烹饪技巧。

当"米其林"遇上"黑珍珠"
视频记者：万后德
摄像：梁嘉骏
剪辑：梁嘉骏　万后德

"中国有很多美味，可是全球很多地区的人都不太了解，中国的餐饮应走向全球被更多人品尝并了解。"加利奥说。对于自己家乡的米其林指南和"黑珍珠"，他认为这是两种不同标准的指南，但他很开心自己两者都能获奖。"米其林指南拥有超过百年的历史，经过长期沉淀形成了独特的米其林文化，米其林餐厅也是很多人孩童时期就开始向往的地方。黑珍珠指南是一种新兴的标准，如果经过长期完善和积淀，或许不超过20年会成为中国的餐饮标准。"加利奥说。

黑珍珠餐厅指南理事、香格里拉酒店集团葡萄酒总监吕杨说，"黑珍珠"带着互联网思维进入品质餐饮领域，基于大数据支持，随时可以看到消费者反馈，也能通过流量对大众产生影响，这是它的不可取代性。但这个评价指南还是一个新鲜事物，需要继续完善。

手 记

美团点评利用其大数据和移动用户，推出了具有中国风格的美食点评榜单"黑珍珠"，而米其林是西方餐饮界最具影响力的美食榜单，历史悠久。当西洋拳对太极拳，会有什么样的火花？

法国米其林三星料理、浓浓香港风味打边炉、粤菜食材菜式创新突破，一次性让读者大饱眼福，展示法国米其林三星大厨精湛技艺和香港隐世厨神功夫，通过这些，让大家感受香港为何成为国际美食之都。通过全球通用的"美食语言"，展示出香港文化的包容性和国际化。（李滨彬）

生活百态

故事 49

四姐的"麻辣人生"

王旭　王迎晖

四姐在接受采访　吴晓初摄

逼仄的街道，狭窄的高楼，假如没有熟人指点，你很难发现混杂在斑驳高墙和一众斑斓店招中的白底黑字——四姐川菜。高居10楼的店面不大，装修也很朴素。她周旋在一桌桌酒客中，似乎跟每个客人都熟稔。随意的说笑，随意的端杯，粤语和普通话随时转换，乡音在不经意间流淌。这就是四姐，香港小有名气的"四姐川菜"的老板娘。

四姐的名气，在香港食客中是川味之正，在漂泊香港的内地客中则是酒兴之烈、酒风之豪。食客转而成为酒友，老板娘变成座上宾，浓情烈酒巴蜀风，成就四姐的人生风景。墙壁上没有与名人的合照，照片只在四姐手机里珍藏。不时有熟悉的面孔闪现，一张张醉意朦胧的笑脸，满溢友情，令人开怀。

如今有些发福的四姐给我们展示32年前的高瘦和青涩。泛黄的照片中，四姐还是重庆大足烟草公司的干部。人生对四姐似乎是一条安排好的路，四姐只是随波逐流。第一次的随遇而安是1986年到香港。"那时不愿来香港，来了也不觉得有什么好。"抚摸着照片，四姐很有些怀恋。她到香港投奔嫁人的姐姐是因为一段感情看不到希望。初到香港很不适应，陌生的环境，陌生的语言，让她一天都不愿多待。"那时不像现在，拿个身份证要等足一年。"她只得耐心忍下去。

这一忍，就嫁人了。嫁人也是姐姐和看到她满心欢喜的婆婆商量的结果。四姐继续在命运之河中随意漂荡。洗碗工干了两个月，贸易公司文员干了六年，家庭主妇做了四年。假如不是到了1997，假如不是姐姐的面店赔了两年要她去接手，四姐的命运之河不知会把她带到何方。

接手面店并不是四姐主动的选择。但决定了，她就异常坚定。一向疼爱她的婆婆不同意，谨小慎微的老公不同意，婆婆是怕她吃不了苦，老公是怕她干不好赔钱。但自小对下厨很有些兴趣的四姐理由很充分："养孩子把积蓄花光了，必须找事做。"店名嘛，干干脆脆以排行取名，"四姐川菜"由此而生。

开餐馆进入门槛低，但干起来辛苦。四姐从上午11点一直干到晚上11点，天天如此。她把妈妈的味道揉进了

- 年轻时的四姐（上左） 受访者提供
- 四姐在接受采访（上右） 吴晓初摄
- 四姐在接受采访 吴晓初摄

一碗碗浓香扑鼻的重庆小面里。为了保持家乡最醇厚的味道，四姐常常托人把调料从四川带到深圳，自己再到深圳运回来。

命运之河在四姐最辛苦的时候拐了一道弯。一位在成都留过学的日本人怀恋正宗川菜味道，常来光顾四姐的小小面店。有一天，四姐兴之所至，拿龙利鱼做了一道水煮鱼。这位日本食客既惊喜鱼的滋味醇厚，又满意不像通常川味水煮鱼那样有讨厌的鱼刺。他郑重建议四姐开个更有挑战性的川菜馆，因为他的日本朋友圈经常有人抱怨在香港找不到合口味的川菜。日本食客的赞赏让四姐有了新的斗志。她潜心考察，决定打造一家以正宗川味为号召的私房菜馆。

私房菜在香港兴起，高房租是一大原因。由于店铺租金高昂，一些餐馆业主便将经营地点搬到住宅楼里，申请私人会所许可。会所不像餐馆那样，对安全、消防等有严格要求，但限制也较多，往往开的是小店面，以独具的特色菜取胜。用老饕的话说，私房菜更像是各个食客内心里最认同的一份保留节目。

四姐川菜开张。三套房子打通，也就 150 平方米。凭着正宗川味，更凭着四姐待人的真挚和热情，菜馆一路走红。有人劝四姐做大店面，也有人出主意开连锁，承诺投资的人也不少。四姐都笑着婉拒。"不愿受累，不是操劳那种累，是不愿心太累。"四姐做私房菜有乐趣，"你要做大酒楼，就要上海鲜，整天盘算成本收益，坐在大桌子后面算账。现在多好，食客都跟家里人一样。我喜欢跟客人在一起，说说笑笑，喝喝酒。"

四姐很清楚，香港看似海纳百川，但川菜在这里还是小众。香港的气候、环境、人群，决定了这里高档菜是海鲜的天下。家常菜为主的川菜，接纳的是欣赏它特色的人群。川菜馆一波波起来，又一批批倒下去。内地不少出名的馆子都来香港开过分店，火的不多。四姐的菜馆，食客大致三类：日本人、长住香港的内地人、本地人，三分天下。日本人是最欣赏川菜的外国人，对正宗川菜情有独钟；常住内地人是以家乡味慰思乡情；本地人是来换口味。

不知不觉，四姐的私房菜馆开了

●四姐和丈夫（右）在展示菜品　　吴晓初摄

●四姐在介绍菜品　　吴晓初摄

四姐的"麻辣人生"
视频记者：林宁
摄像：万后德
剪辑：万后德

20年。多少名人来来去去，多少客人变成了朋友。四姐的店铺地址换了，铺面大了，租金也涨了不少。200平方米，月租11万港元。只有四姐的风格没变。她在店里徜徉，与到来的每一位食客打招呼、聊天儿。她的神态安详了许多，但在与食客兼朋友喝酒时，酒风依然豪放：来者不拒，酒到杯干。

人生如能复盘，四姐会做何选择？"还是做餐馆。"四姐答得毫不犹豫。没有野心，不会去做更能发财的生意。她喜欢餐馆的氛围，餐馆不仅是她谋生的手段，更是交友的场所。餐馆还是她观察人生的舞台。食客人生起起伏伏，太多事业兴替，太多悲欢离合，人生况味，到头来才知平淡之宝贵。人生怎能没有遗憾？"没谈过轰轰烈烈的恋爱"，四姐很爽快，"从认识到结婚只有三天，哪怕是丁点儿浪漫都没有"。就在旁边，四姐的丈夫默默忙活着，给又一拨客人端上茶水。

手 记

第一次见"四姐"，是给朋友接风。店面不大，装修也不惊艳，但胖胖的老板娘给人印象深刻。这深刻印象首先来自于那种待人接物的豪爽和练达。在香港，这种风格极少见。感觉应该是个有故事的人。

于是托人带话，约时间采访。与所料不太一样的是，四姐不是那种有意来港打拼、从底层做起、吃过千般苦的人。她的人生之路颇有些随遇而安，只是在碰到机遇的时候稍稍努力了那么一把，有点儿顺势而为，随后又随波逐流的意思。这种人生态度是另一种看惯世情的豁达。人生故事不复杂，也不挣扎，没有奇遇，但有波折。这不正是大多数人的常态吗？与一个陌生的城市相遇，这种不复杂的人生，便如一首简单的旋律配上了奇异的和声，有了特殊的色彩。

菜嘛，在香港能保住"正宗川菜"的味道就不易。香港湿热，与西南地区的湿冷大不一样，气候、水土的差异使得麻辣与珠江三角洲天生犯冲，以去火为第一要务的老广们无法接受。于是，广受欢迎的川菜馆在香港必须"变味儿"。四姐能坚守"家乡"那点儿正宗的味道，多年不变，确实不易。这，不也是四姐性格与人生坚持的一种吗？（王旭）

生活百态

故事 50

香港街市：
活色生香滋味长

王一娟　莫华英

● 市民在天水围街市采买　闪捷摄

与铜锣湾著名商业地标时代广场一桥之隔的鹅颈熟食中心　王一娟摄

香港中环，高耸入云、鳞次栉比的高楼大厦，富丽堂皇、人头攒动的购物广场，脚步匆匆、光鲜亮丽的白领，无不给人一种国际大都市的感觉。然而，拐过一个街角，会不期然与遍布小摊小贩的街市撞个满怀。时尚与素朴，现代与传统，高大上与平民风情，毫不违和地共生于同一片天空下。也许正是这种看似矛盾却又和谐的景象，构成了"东方之珠"独特的魅力。在香港的美丽画卷中，街市是不可或缺的一页。

香港特区立法会议员、立法会研究公众街市事宜小组委员会主席柯创盛说，街市的主要优势在于地点就近，市民购物方便。一般来说，出门10分钟之内，各种生活用品都能够方便地买到。香港共有各类街市200多个，大多位于市中心或邻近民居的地方。曾有调查报告分析，如果街市距离住所超过800米，居民就会拒绝去购物。

《香港规划标准与准则》曾经明确规定，每55至65户家庭必须设有一个公众街市档位，或每万人应配备40至45个档位。后来由于人口变化及城市变迁，部分公众街市失去传统顾客群，

于是，规划署删除了以人口为参考基础的公众街市规划准则。即便如此，香港街市的密集程度在亚洲地区也是首屈一指的。

与铜锣湾著名商业地标时代广场一桥之隔的鹅颈桥街市，蔬菜店、肉店、水果店、花店、茶餐厅、糖水店、面包店、参茸海味店应有尽有。一条长不过20米的小街上，活跃着16家商户。每天早晨天刚亮，送货的大车便轰隆隆开过来，各家商户纷纷开启卷帘门，整理好摊位，把新鲜的水果蔬菜码放整齐，准备迎接第一批采买果菜的客人。

公众街市里的熟食中心隐藏着许多香港特色美食，这里是加班到深夜的白

生活百态

● 鹅颈公众街市里的裁缝铺　莫华英摄

● 女店主吴瑞玲说，每天要工作十几个小时　王一娟摄

领们的"深夜食堂"。夜半时分，鹅颈熟食中心里仍然人声鼎沸，香味扑鼻，从家常菜到海鲜大餐不一而足，让人垂涎。特区政府规划署文件申明，零售业发展主要由市场主导，政府应做最少的规划干扰。食物环境卫生署提供的文件也强调，公众街市应按商业原则运作，由市场力量主导。

与此同时，为保证街市售卖货品的安全卫生，多个部门加强市场监管。立法会议员办事处政策研究员郑飞说，一种蔬菜或水果从进口到市民餐桌，至少需要经过三关检查：第一次是海关的检验检疫，合格后运往西环或者油麻地的批发市场；第二关是蔬菜统营处负责批发市场内的检查，合格后才能运往街市或酒楼；第三关是食环署每周到街市的摊位上抽查一次，检验有没有农药残留。如发现有农药残留，追根溯源，整批菜全部销毁。严格的检验保证了全香港街市各类食品的安全。

在互联网发达的今天，香港人依然愿意到街市去采买，享受购物的乐趣。与档口经营了几十年的商户聊几句家常，买一把菜，人情味便有了。前不久，香港尖沙咀海防道临时街市拆除重建，许多光顾40年的顾客依依不舍，专程赶来与档口伙计合照留念。街市给人们带来便利，也给经营者提供了安身立命之所。

女店主吴瑞玲靠经营蔬菜杂货店为生，经过多年打拼，40出头的她和先生在香港东区的西湾河买了一套60多平方米的房子。"挣钱很辛苦，每天工作10多个小时，一年到头没的休息。"店里雇了八个伙计帮助打理，还是忙不过来。香港人工成本高，每位雇工每月工资两万多港元，约60平方米的店铺租金每月11万港元，这都是一笔不小的支出。"闲下来的时候想一想，自

● 吴瑞玲位于宝灵顿道的"宝玲蔬菜杂货店"里挂着"信誉零售商"的牌子
王一娟摄

己能养活这么多人,还是很有成就感的。"她笑着说。

多次来往于京港两地的中国社会科学院城市与竞争力研究中心主任倪鹏飞认为,香港繁荣便捷的街市是打造其全球领先的国际竞争力和宜居竞争力的重要因素之一。如果一个城市在衣食住行、安居乐业等生活环境方面都能做到方便快捷,不仅能提高效率、减少疲劳奔波,更能给人带来心灵的闲适和从容。

手 记

香港街市之多、之密,固然与香港面积之狭小相关,但更重要的是,管理者有着一种持久的执念:与民方便。若非如此,号令一出,所有店铺一律搬走,则几十年来形成的街市生态顷刻间即遭毁坏,一代人的记忆从此湮灭。而一个新的街市形态的建立,则需要长时间培育人气。在被香港街市的活色生香感动之余,分析之所以形成如此格局的原因,方能给人以参照、以启示。人们拐进街市这一家一家的店铺,或买或看,是逛街也是购物,是休闲也是娱乐,生机勃勃而又千姿百态。想感受香港的活力,一定要去逛逛街市。(王一娟)

生活百态　249

后记：

深耕香港　感受"故事"里的城市脉动　　　闵捷

一位香港作家曾说："如果香港是一本书，这部载着我们丰厚记忆的大书，应该在记录一项项'大多数人'的故事之余，配上一些生活在'大多数'边缘甚至以外的人物，与事物交织而成的'脚注'。"2018年6月新华社香港分社创办并开播的"香港故事"栏目，正是我们作为记者对香港这座城市知性和感性的经验和体验，也是我们深耕香港、为这座城市所做的别致的"注脚"。

本书是从"香港故事"栏目中精选的50篇作品，这个栏目从开播至本书出版的一年多时间里，以每周一篇的节奏已播发了65篇稿件，在新华社客户端上的累计浏览量超过3,600万，影响遍及海内外。

深水埗最后的"布市场"、街头的报摊、巷子里的"武侠味"、菜农的"朋友圈"、最后的抗战老兵……揭开香港这个繁华都市的面纱，里面藏着丰富而饶有趣味的香港故事，深耕这片沃土，"香港故事"挖掘出香港的另一番天地。

好选题来自精心、缜密的策划。"香港故事"栏目从一开始就坚持通过策划会发动记者，以新的视角重新审视平日司空见惯的新闻资源，并从身边的现实生活中发现新的选题。

报摊是香港街头随处可见的，几乎每条街上都有。在互联网大潮的冲击下，纸媒的黄金时代早已过去，报摊的生意怎么样？他们如何坚守？记者通过细心的观察和深入的采访写出了《转角遇到报摊》；微信朋友圈中偶然看到香港抗战老兵聚会的照片，于是循着这条线索往西贡寻访到多位昔日港九大队的抗战老兵，也透过他们的回忆追溯历史的一幕一幕——《寻访香港抗战老兵》播发后在新华社客户端上浏览量达到90多万。

一年52个选题，"香港故事"栏目的良苦用心得到了读者的热情响应。"'香港故事'属于有情怀、有观点、有温度的专栏。落笔的角度绕过香港'购物天堂'的标签，划破维多利亚港灯火通明的夜幕，放缓高节奏化的港人脚步后，描述给读者的是香港的另一面：街头巷尾的烟火气、有别于都市化的民俗活动、深巷中的美食地图、深入骨髓的人文气息。"这是沈阳日报新媒体中心主任刘新阳对"香港故事"栏目的评价。

　　以朴素的心，投入真诚的情感，发现生活之美。"香港故事"栏目每次选取的点都不同，既有小人物，也有社会贤达；既有作家、画家、医生、艺人，也有菜农、外佣、创客、港漂；……他们是生活中各行各业实实在在的人，个个眉目清晰，形态生动，有着朴素的情感，在工作和生活中敬业勤力，他们的喜怒哀乐、人情冷暖、随大时代席卷而来的人生变迁，无须着墨过多，平实的笔触就能真实地呈现出平凡生活的静穆与端庄。而这种臻于化境的朴实无华，才是生活的本质。

　　本书中多篇文章落笔点既有小人物的命运，又有大时代的波折。正如读者反馈的那样："相对于充满时效性的新闻稿件，这些'香港故事'更像是一间深夜食堂，展现的更多的是世间人情百态。"

　　《香港故事》一书的出版，得到联合出版集团及其三联书店（香港）有限公司的大力支持，尤其是中联办副主任卢新宁女士在百忙之中为本书作序，在此一并表示感谢！

　　在本书出版过程中，每位记者又在相关文章的后面补写了"手记"，如果你想了解更多"故事"之外的花絮，可以由此听到记者的"画外音"。

　　如果你想深入了解香港，如果你想避开"水泥森林"找个特别的角度进入，本书从某种意义上来说，是读懂香港的 50 个独特注脚，让你看到一个"不一样的香港"。

图书在版编目(CIP)数据

香港故事:五十个独特视角讲述"百变"香港/闵捷主编.—北京:商务印书馆,2021
ISBN 978-7-100-19654-3

Ⅰ.①香… Ⅱ.①闵… Ⅲ.①香港—概况 Ⅳ.
①K926.58

中国版本图书馆CIP数据核字(2021)第042044号

权利保留,侵权必究。

本书中文简体字版本由三联书店(香港)有限公司授权商务印书馆有限公司在中国内地独家出版、发行。

香港故事:五十个独特视角讲述"百变"香港
闵捷 主编

商务印书馆出版
(北京王府井大街36号 邮政编码100710)
商务印书馆发行
北京新华印刷有限公司印刷
ISBN 978-7-100-19654-3

2021年5月第1版　开本 787×1092　1/16
2021年5月北京第1次印刷　印张 16
定价:98.00元